Guía completa del Maltipoo

David Anderson

Datos de Publicación

David Anderson

Guía completa del Maltipoo – Primera edición.

Resumen: "Educar exitosamente a un perro Maltipoo desde cachorro hasta la vejez" – Proporcionado por el editor.

ISBN: 979-8-89818-008-9

[1. Maltipoos – No Ficción] I. Título.

Este libro ha sido escrito con la intención de proporcionar información precisa y autorizada con respecto al tema incluido. Si bien se han tomado todas las precauciones razonables en la preparación de este libro, el autor y el editor rechazan expresamente cualquier responsabilidad por errores, omisiones o efectos adversos derivados del uso o aplicación de la información contenida en su interior. Las técnicas y sugerencias deben utilizarse a discreción del lector y no deben considerarse un sustituto de la atención veterinaria profesional. Si sospechas que tu perro tiene un problema médico, consulta a tu veterinario.

Diseño por Sorin Rădulescu
Primera edición en español, 2025

ÍNDICE

INTRODUCCIÓN
El perro perfecto: suena como un sueño, pero ¿es posible? 4

CAPÍTULO UNO
¿Qué es un Maltipoo? 6

CAPÍTULO DOS
¿Es un Maltipoo el cachorro indicado para ti? 16

CAPÍTULO TRES
Cómo preparar tu casa para tu Maltipoo 28

CAPÍTULO CUATRO
Adiestramiento para que haga sus necesidades 42

CAPÍTULO CINCO
Adiestramiento de obediencia 67

CAPÍTULO SEIS
Cómo cuidar a tu Maltipoo 84

CAPÍTULO SIETE
Necesidades alimenticias del Maltipoo 111

CAPÍTULO OCHO
El Maltipoo y su salud 133

CAPÍTULO NUEVE
Problemas comunes de comportamiento 141

INTRODUCCIÓN
El perro perfecto: suena como un sueño, pero ¿es posible?

Si tienes un Maltipoo, es posible. Esta raza es un cruce entre Caniche y Maltés, que son muy estimados como perros de exposición y fieles compañeros, pero tienen algunos defectos que hacen que muchos duden. Ahora, cuando se cruzan, son la combinación perfecta de la que todos se enamoran.

Los Maltipoos son la definición de la perfección: combinan personalidad, vivacidad, ternura y energía, y al mismo tiempo, disfrutan de un buen descanso en tu regazo. Esto los hace la compañía ideal.

Con este libro, aprenderás cómo trabajar con su personalidad moldeable y le enseñarás modales. También, podrás crear el ambiente perfecto para educarlo y evitar malos hábitos para más adelante.

El día que decides llevar a casa a tu nuevo cachorro, estás haciendo una promesa de satisfacer todas sus necesidades, lo que puede parecer una gran responsabilidad. Con las sugerencias que encontrarás aquí, cuidar de tu Maltipoo será muy sencillo: aprenderás cómo acicalarlo, alimentarlo y ejercitarlo adecuadamente.

En este libro se analizan problemas comunes de comportamiento, y a la vez, sus soluciones. También, estrategias sobre cómo corregir malos hábitos o conductas. Hay un capítulo entero dedicado a uno de los aspectos más desafiantes del adiestramiento: el entrenamiento para que haga sus necesidades, lo que hará que esa fase sea simple y fácil, ya que con las sugerencias que te daremos, hasta el perro más terco puede aprender.

También aprenderás sobre las nociones esenciales de una nutrición adecuada y cómo elegir el mejor alimento.

Tener un cachorro Maltipoo puede ser una de las experiencias más gratificantes de la vida. Los perros pueden aliviar el estrés de las personas, mejorar nuestra salud y recordarnos que el amor verdadero existe. Descubrirás que criarlo será uno de los capítulos más enriquecedores y satisfactorios de tu vida.

Esta guía se convertirá en tu referente durante todo su camino juntos, con consejos útiles y recordatorios prácticos hasta su vejez.

¿Puedes criar al cachorro Maltipoo perfecto? ¡Absolutamente! Su pequeño amigo peludo será la prueba de que la perfección sí existe. Solo requiere paciencia, amor, y seguir todas las sugerencias que te otorga este libro.

CAPÍTULO UNO
¿Qué es un Maltipoo?

No sería maravilloso si los perros pudieran ser cachorros para siempre? Todos aman a los cachorros, con su apariencia adorable y su comportamiento tierno, pero esta etapa no dura mucho... crecen y se convierten en perros adultos en cuestión de meses, perdiendo su encanto.

¿Existe algún perro que mantenga su aspecto de cachorro hasta bien entrada la adultez?

Sí existe, y se llama Maltipoo. Una de las razones por las que se ha vuelto tan popular en los últimos años es porque mantiene su aparien-

Caniche Estándar

cia y comportamiento de cachorro. Con un Maltipoo, puedes tener un cachorro que nunca envejece.

Pero ¿qué es exactamente un Maltipoo?

¿Es un Caniche o un Maltés?

El Maltipoo en realidad no es una raza, sino un cruce entre dos razas muy populares, el Maltés y el Caniche. Este cruce resalta lo mejor de ambas y da lugar a un perro sociable y extrovertido que también se considera uno de los más adorables del mundo.

Los criadores suelen cruzar un Maltés de pura raza con un Caniche Toy. En algunos casos utilizan un Caniche Miniatura, lo que da cachorros un poco más grandes, pero igual de adorables. Su tamaño los hace ideales para acurrucarse.

Entonces ¿qué es exactamente un cruce de razas?

Los perros que han sido cruzados a menudo se denominan "perros de diseño". Son el resultado de aparear dos perros de razas puras diferentes. En el caso del Maltipoo son el Caniche y el Maltés.

La única intención del cruce es crear cachorros que compartan los rasgos de personalidad de ambos padres. Durante los últimos mil años, los criadores han estado mezclando diferentes razas para lograr una cierta apariencia, temperamento o habilidad. Este es el caso del Maltipoo.

El cruce de perros se ha vuelto muy popular en las últimas décadas, debido a la creencia de que los cruces generarán cachorros más saludables y fuertes que los de linaje puro. Elegir correctamente el linaje para el cruce puede resultar en un cachorro con un valor superior al de sus padres de raza pura.

Dependiendo de la crianza, un Maltipoo típico pesará entre 1,8 y 3,2 kilos y medirá unos 25 centímetros. Si uno de los padres fue un Caniche Miniatura, que es un poco más grande que el Caniche Toy, será un poco más grande, pesando entre 2,3 y 6,8 kilos y midiendo hasta 35 centímetros. El tamaño y el peso del Maltipoo dependerá más que nada del tipo de Caniche utilizado en la crianza.

Colores del Maltipoo

Los Maltipoos pueden tener un pelaje lacio o rizado que varía entre colores claros, como blanco o crema, pero también puede ser más oscuro.

Es común que un Maltipoo nazca de cierto color y se vaya modificando según su edad. Esto es normal por los genes heredados tanto del Caniche como del Maltés, que produce este efecto de decoloración. De todas formas, algunos pueden decolorarse, otros se oscurecen, y otros podrían no cambiar en absoluto.

El popular Maltipoo de color albaricoque tendrá ese color durante el primer año, pero a medida que crece, su pelaje se convierte en un color melocotón cremoso más claro.

También pueden cambiar el color del pelaje según la estación. Por ejemplo, un Maltipoo negro tendrá un color profundo durante los meses de invierno, pero en el verano su pelaje se decolora a un color carbón.

Maltés

Su Maltipoo estará lleno de maravillosas sorpresas, una de las cuales es ver cómo cambia su pelaje a medida que pasa a la adultez.

¡Decidir qué color de Maltipoo le parece más adorable dependerá de ti!

A continuación, encontrarás una lista de posibles colores de pelaje y su descripción:

Blanco: este es considerado uno de los colores más tradicionales para un Maltipoo. Los Malteses de raza pura son blancos como la nieve y si se cruzan con un caniche blanco puro (sin genes de color durante las últimas 5 generaciones), los cachorros serán blancos.

Rojo: este color es súper raro para un Maltipoo ya que los genes son 50/50. N este caso, el Maltés debería ser cruzado con un Caniche rojo.

Café: un hermoso color marrón claro que se asemeja al café con leche. También puede ser color canela, marrón, dorado o bronce.

Blanco y negro: estos cachorros Maltipoo tendrán manchas blancas y negras en sus caras, pechos, barrigas y patas.

Negro: un Maltipoo negro es muy raro, ya que uno de los padres siempre es blanco. Su color será sólido sin manchas y no cambiará según la edad.

Albaricoque: el pelaje puede ser del color más cremoso hasta un color sólido. Algunos cachorros Maltipoo parece que tuvieran reflejos en su pelo.

Gris: si un Maltipoo nace gris, lo será toda su vida.

Plateado: el plateado es un gris más claro y súper brillante. El Maltipoo nacerá con un pelaje negro grisáceo muy oscuro que se decolorará a un color plateado.

Beige plateado: el cachorro nacerá marrón y cambiará alrededor de las seis a ocho semanas a un color beige plateado.

Crema: a simple vista es blanco intenso, hasta que lo pones al lado de un maltés: ahí verás que no llega a ser blanco, sino que se asemeja más a un color champán.

Dorado: un color marrón más claro y brillante, casi canela.

Azul: este es un color muy raro para un Maltipoo. Parece ser negro puro hasta que se coloca bajo la luz del sol y se ven los reflejos azules.

Chocolate: un color marrón profundo como el chocolate.

Los Maltipoos vienen en una amplia variedad de colores, lo que depende de los genes y antecedentes de sus padres. La parte difícil será decidir cuál elegir.

Diferentes tipos de pelaje

Hay tres tipos de pelajes para los Maltipoos, lo que indicará que genes son más dominantes, si los del Caniche o los del Maltés. Abajo verás una lista de cada pelaje y su descripción:

Pelaje liso: si un Maltipoo tiene un pelo liso y sedoso, el gen del Maltés es dominante. Por lo general, tendrá un color más claro y se enredará fácilmente.

Este tipo permite muchas opciones de aseo: se puede dejar largo o cortar corto.

Pelaje rizado: los Caniches tienen pelo rizado, por lo que será su gen el dominante. La textura será un poco más densa y más propensa a formar nudos y enredos.

Los enredos deben tratarse de inmediato, ya que uno pequeño puede convertirse en un problema en poco tiempo. Se recomienda acicalar este tipo de Maltipoo cada tres semanas.

Pelaje lanudo: este tipo es señal de mala crianza. Aléjate de un cachorro con este pelaje, se enreda fácilmente y requiere mucho mantenimiento.

Ficha informative sobre los perros Maltipoo

Pronunciación	Mol–ti–pu
Apodos comunes	Moodle, Malt–A–Poo, Maltepoo, Multipoo, Maltese–Poodle, Maltipoodle
Origen de la raza	Cruza entre un Caniche Toy de raza pura y un Maltés de raza pura
Peso promedio	2,3 a 5,4 kg
Altura promedio	20 a 35 cm
Esperanza de vida	15 años
Madurez	Se considera adulto al cumplir 1 año
Tamaño promedio de la camada	4 a 6 cachorros
Caída de pelo	Muy leve
Propósito	Perro de compañía, perro faldero

Rasgos de personalidad del Maltipoo

La personalidad reside en los genes y la naturaleza es responsable. Por supuesto, la forma en que se nutre nuestra personalidad tendrá un efecto en quiénes nos convertiremos como adultos.

¿Con qué frecuencia hemos observado a un niño pequeño con su padre y hemos usado la expresión "de tal palo, tal astilla"? Este proverbio significa que el comportamiento, la conducta y las características del hijo se asemejan a las de su padre. Es debido a los genes del niño, que lo convierten en una versión más pequeña de su padre.

Con los perros, es muy similar. Sus rasgos de personalidad dependen de los genes que heredan de sus padres. Por esta razón, necesitamos conocer los pros y contras de sus padres, el Maltés y el Caniche.

Maltés

Algunas de las ventajas del Maltés son que no requieren demasiado ejercicio y pueden entretenerse fácilmente con juegos y juguetes simples. Son muy juguetones y les gusta jugar solos. El Maltés no suelta mucho pelo a pesar de su frondoso pelaje y son muy fáciles de adiestrar.

Algunas desventajas: son muy difíciles de adiestrar para hacer sus necesidades y, debido a su tamaño, son muy frágiles. Por esta razón, no se recomiendan para familias con niños pequeños o perros más grandes que podrían lastimarlo. Requieren mucho mantenimiento con el aseo y también sufren de alergias crónicas y picazón en la piel.

Cachorros de Maltés

Caniche

Algunas de las ventajas de los Caniches: son hipoalergénicos, lo que los convierte en la mascota ideal para quienes sufren de alergias y no sueltan pelo, por lo que no tendrás que limpiar mucho. Los Caniches son considerados excelentes perros guardianes, inteligentes y muy fáciles de adiestrar.

Algunas de las desventajas de los Caniches: debido a que son tan inteligentes, tienen la tendencia a aburrirse bastante rápido y volverse irritables. Si no están ocupados constantemente, encontrarán algo que hacer, como destruir tu sofá de cuero. Necesitan un área amplia para hacer ejercicio, como un patio grande. Si no están bien adiestrados, se volverán muy nerviosos y desobedientes.

Las ventajas combinadas de estas dos razas los convierten en los padres ideales para crear un perfecto cachorro Maltipoo que te brindará años de felicidad. Pero ¿cómo será el tuyo? Consideremos algunos de sus rasgos de personalidad en la siguiente lista.

Juguetón y extrovertido

Los cachorros Maltipoo aman a todos, ya sean humanos u otros perros, y adoran la compañía. Su único deseo en la vida es complacer a sus dueños y hacerlos sonreír. Pero no son la mejor opción como perro guardián.

Caniche estándar

Dado que tienen un temperamento tan bondadoso, pueden ser ideales para hogares en donde ya hay otras mascotas. Sin embargo, se necesita precaución debido a su tamaño y fragilidad. Los niños pequeños y los perros más grandes podrían lastimarlo sin querer.

Inteligente

Los Maltipoos son considerados uno de los perros más adorables del mundo. Pero detrás de la ternura hay mucha inteligencia, heredada de su padre Caniche de raza pura.

Su inteligencia hace que el adiestramiento para hacer sus necesidades y otros adiestramientos sea muy sencillo. Pero necesitan ser estimulados mentalmente y, al igual que su padre Caniche, tienen tendencia a sufrir ansiedad por separación; pero con disciplina amorosa pueden ser adiestrados para comportarse cuando se quedan solos.

Enérgico

Los Maltipoos son mascotas ideales para apartamentos o casas con patios pequeños, no necesitan mucho espacio para correr. Sin embargo, disfrutan de paseos regulares alrededor de la manzana o al parque, ya que lo ayudan a mantenerse estimulado mental y físicamente.

Una de las cualidades sobresalientes de los Maltipoos es que mantienen su personalidad de cachorro hasta bien entrada la edad adulta. Eso significa que tendrán mucha energía para quemar. Sacarlo a pasear con regularidad prevendrá comportamientos inadecuados como ladrar, lloriquear y masticar sus muebles.

El nivel de energía de cada Maltipoo dependerá de qué genes son los dominantes. Si son los del Caniche, será un cachorro más hiperactivo, y si son los del Maltés, será más tranquilo.

Otros rasgos de personalidad

Los Maltipoos son muy leales a sus dueños y les encanta pasar tiempo con sus humanos.

Son perros de interior y no pueden tolerar las temperaturas extremas durante mucho tiempo. Por eso, vivirá contigo dentro de casa y lo podrás sacar solo para que haga sus necesidades, paseos, tiempo de juego y ejercicio. Los Maltipoos no sobrevivirán si se los dejan afuera durante largos períodos de tiempo.

Como podemos ver, este cruce de razas crea un cachorro muy cariñoso y juguetón, un perro de compañía ideal.

Historia del Maltipoo

"Los Maltipoos son los cachorros más dulces, cariñosos e inteligentes que jamás podrías encontrar. Aman a todos y socializan bien con personas y otras mascotas".

Dena Fidanza
denasdoggies.com

La historia de los Maltipoos comienza en Estados Unidos. Fueron creados para ser compañeros pequeños, fieles y cariñosos. La cruza entre un Maltés y un Caniche se ha vuelto cada vez más popular en los últimos 10 a 20 años.

El Maltipoo fue creado específicamente para personas con alergias. Se dice que es hipoalergénico debido a su pelaje, pero no hay pruebas científicas de que esto sea cierto. Todos los perros producen caspa y saliva que transportan alérgenos que pueden causar reacciones alérgicas en ciertas personas.

La historia del Caniche comenzó en Alemania, donde fue criado para ser un perro que ayudara con la caza de patos y otras aves. Vienen en todo tipo de colores y en tres tamaños: estándar (el original), miniatura y toy. La raza finalmente se estandarizó en Francia. Han sido muy apreciados, desde el siglo XV hasta la actualidad, debido a su inteligencia.

La historia del perro Maltés se remonta al año 500 a.C. Esta raza fue registrada en un ánfora griega. Se cree que su nombre y sus orígenes provienen de la isla mediterránea de Malta. La historia sugiere que fue criado para ayudar a controlar roedores, pero pronto se hizo popular entre las mujeres nobles. Estos perros han sido muy apreciados como perros de damas a lo largo de los siglos hasta nuestros días.

Como podemos ver, el linaje del Maltipoo es muy rico y lleno de historia. Tanto el Caniche como el Maltés fueron muy populares a lo largo de la historia por sus rasgos de personalidad y hermosa apariencia.

Tu cachorro Maltipoo se convertirá en parte de la historia de tu familia al convertirse rápidamente en un miembro querido.

Datos interesantes sobre los cachorros Maltipoo

- Es común ver cachorros Maltipoo con manchas de lágrimas alrededor de sus ojos. Puede ser causado por varias cosas, como ojos secos, un alérgeno en su comida o colorante alimenticio. Observar los factores ambientales y darles una dieta saludable e integral sin colorantes artificiales puede eliminar estas manchas.
- Los Caniches tienen un pelaje rizado y los Malteses un hermoso pelo largo y lacio. Debido a que el Maltipoo es un cruce, los genes de ambos padres entrarán en juego al determinar qué tipo de pelo tendrá tu Maltipoo. Tanto los Caniches como los Malteses necesitan sesiones regulares de aseo para evitar que su pelo se enrede y se enmarañe, así que será igual con tu Maltipoo. Los Maltipoos adoran los baños y esto realmente es un beneficio para su salud, ya que evita que su piel se reseque y le genere picazón. Se recomienda bañarlo cada tres semanas; si tiene pelo rizado, necesitará ser acicalado profesionalmente cada cuatro a seis semanas.
- Hay dos formas diferentes de deletrear el nombre de este cruce. El *American Canine Hybrid Club* y el *Designer Dogs Kennel Club* lo tienen registrado como Malt-A-Poo. El *International Designer Canine Registry* lo deletrea Maltipoo. Esta última es la forma más reconocida.
- Los Maltipoos tienen primera y segunda generación. La primera es el resultado de cruzar un Caniche y un Maltés de raza pura, y la segunda es el resultado de cruzar dos perros Maltipoo.
- Los perros pequeños por lo general tienen una esperanza de vida más larga que los más grandes.
- No son buenos perros guardianes por a su tamaño y su personalidad amistosa.
- Los Maltipoos adultos caben en una bolsa grande y los puedes llevar contigo a todas partes.
- Tienen una personalidad dulce y cariñosa, por lo que son excelentes perros de terapia.

En resumen, un Maltipoo es un cruce entre un Caniche y un Maltés; se consideran perros de diseño porque el cruce resalta lo mejor de ambas razas. Los Caniches y los Malteses son considerados razas que no sueltan pelo, por lo tanto, muchas personas consideran al Maltipoo como un perro hipoalergénico.

Son muy inteligentes y aman socializar y estar rodeados de personas. Son considerados el cachorro eterno, ya que mantienen su apariencia y comportamiento hasta bien entrada la edad adulta.

CAPÍTULO DOS

¿Es un Maltipoo el cachorro indicado para ti?

Se dice que el perro es el mejor amigo del hombre. Pero, ¿por qué? Tener un perro puede ser una de las experiencias más gratificantes de la vida, nos proporcionan compañía y amor incondicional. Además, diversos estudios han demostrado que tener un perro puede aportar muchos beneficios para la salud, como reducir la presión arterial, combatir la depresión y disminuir el estrés.

Asimismo, es la mejor manera de garantizar que saldrás a caminar todos los días, ya que tu mejor amigo de cuatro patas también necesitará ejercitarse. Se podría decir que es una excelente herramienta motivacional para levantarse del sofá y salir a dar un buen paseo.

Los perros tienen la capacidad de hacer que la persona más malhumorada del mundo se enternezca y sonría en cuestión de segundos. Nos hacen sentir amados y cuidados, y siempre están listos para recibirnos con alegría cuando entramos por la puerta.

Elegir qué tipo de cachorro llevar a casa puede generarte muchas dudas, ¿cómo puedes saber si un Maltipoo es el adecuado?

La familia ideal para un Maltipoo

"Los Maltipoos son muy entretenidos. Suelen hacer una especie de "baile feliz" que, una vez reconocido, se repite con frecuencia."

Terry Schulte
valleypuppypaws.com

El hecho de que estés considerando adquirir un Maltipoo significa que estás buscando un perro pequeño. Analicemos su familia ideal para ver si tu estilo de vida es compatible.

*Foto cortesía de
Mary Papadopoulos*

Entorno

Los Maltipoos son muy sensibles al frío y a los climas hostiles y no pueden sobrevivir estando afuera durante largos períodos. Son perros falderos y son más pequeños que algunos gatos, por lo que requieren un ambiente cálido y acogedor.

Además, considerando su tamaño, casi no tienen medios para defenderse contra perros más grandes o aves rapaces. Dejarlos solos afuera durante mucho tiempo lo puede hacer sentir ansioso y estresado.

Necesitan pasar la mayor parte del día dentro de tu casa, donde está cálido y seguro. No toleran los climas extremos: en los meses fríos de invierno, es posible que necesites ponerle un pequeño suéter y así evitar que se enferme cuando salga a pasear o a hacer sus necesidades.

Si planeas que viva en casa contigo y sea parte de tu familia, entonces un Maltipoo es el perro para ti.

Pueden ser mascotas ideales para quienes viven en un apartamento o tienen un patio pequeño, ya que no necesitan mucho espacio para quemar energía. La mejor de hacerlo es llevarlo a dar paseos cortos alrededor de la manzana.

Mantenimiento

El Maltipoo ha heredado un hermoso pelaje de sus padres, el Maltés y el Caniche. Puede ser rizado o desgreñado, pero puede enredarse y anudarse con facilidad, causando molestias, picazón en la piel y mechones de pelo que caerán por todos lados. ¿Cómo puedes evitar esto?

El cepillado diario es la clave para evitar que se formen nudos antiestéticos y bolas de pelo. Los Caniches, los Malteses y los Maltipoos no mudan su pelaje, lo que los hace ideales para personas alérgicas.

Se suele pensar que esta raza requiere mucho mantenimiento porque hay que cepillarlos diariamente, pero en realidad, comparado con el tiempo que podrías pasar aspirando las alfombra y el sofá, dedicar menos de cinco minutos al día para acicalar a tu perro es pan comido.

Además, si tienes un Maltipoo de pelo rizado, tendrás que llevarlo a la peluquería cada cinco o seis semanas. Como con la mayoría de los perros de interior, es muy recomendable bañarlo cada tres semanas para prevenir la piel seca y la picazón.

Dueños primerizos

Para los dueños primerizos, puede resultar muy estresante llevar a casa un pequeño cachorro, en especial cuando llega el momento del entrenamiento para hacer sus necesidades. Pero no hay de que preocuparse, los Maltipoos son muy inteligentes y aprenden rápido.

Responden bien a una disciplina firme pero amorosa y su entrenamiento no requiere demasiado tiempo ni esfuerzo. Solo necesitas necesita mostrarle que tú eres el "líder de la manada" o el jefe. Por lo general, un firme "No" es todo lo que se necesita para hacérselos entender. Además, están ansiosos por complacer a sus dueños y no son tan tercos como otros perros pequeños.

Ten cuidado de no complacerlo en todo cuando es cachorro, ya que se convertirá en un perro desobediente y malcriado cuando crezca.

Niños pequeños y perros grandes

Si tienes niños pequeños o nietos que a menudo te visitan, no se recomienda tener un Maltipoo. No se podrán resistir a la ternura de este cachorro y pueden dejarlo caer o apretarlo demasiado fuerte sin querer y fracturarle un hueso o causarle otros daños.

Si tienes perros más grandes, pueden jugar de manera brusca y lastimarlo. En cambio, si tiene perros mayores, podrían ser adecuados ya que no son tan revoltosos como los más jóvenes.

Si tus perros grandes e hiperactivos son de exterior y el tiempo que pase afuera tu bebé Maltipoo será supervisado, puede ser seguro considerar adquirir un Maltipoo.

Ansiedad por separación

Los Maltipoos se vinculan muy rápido con sus dueños y son muy unidos a ellos, y si no están cerca se preocupan, se inquietan e incluso entran en pánico. La ansiedad por separación puede convertir al perro más tranquilo en un monstruo destructivo, mordiendo cualquier cosa que tenga delante, ladrando, gimiendo y creando caos por toda la casa.

Los Maltipoos estarán tranquilos en entornos donde siempre haya alguien durante el día o si puedes llevarlo contigo al trabajo. También, son súper sociables y les encanta estar rodeados de personas. Recuerda, si no sueles estar en casa y pasas muchas horas afuera, es aconsejable que pienses en otra raza.

Si decides adquirir un Maltipoo, debe saber que no será feliz viviendo en el cuarto de lavado; necesitará tener libre acceso a la casa. Si puede verte a ti o a otros miembros de la familia, pero no puede acercarse, mostrará su descontento gimiendo y ladrando, y hasta puede entrar en pánico.

¿Dónde deberías comprar tu Maltipoo?

"Criador cuestionable", "Fábrica de cachorros", "Mascotas al día siguiente": estas son expresiones comunes utilizadas en el mundo de los cachorros hoy en día. ¿Cómo puedes estar seguro de que estás comprando tu cachorro a un criador de confianza?

Los buenos criadores están más interesados en encontrar a la familia adecuada para sus cachorros que en el dinero. Al hablar con uno, presta atención a si habla sobre el pasado y la salud de los padres. Debería hacerte preguntas sobre ti y qué tipo de vida puedes darle a su cachorro. Un buen criador es abierto y honesto; te mostrarán mediante la conversación que realmente se preocupan por el futuro de sus cachorros.

- Evita a los que solo se preocupan por cuándo puedes llevarte al cachorro y si se aprobó el pago con tu tarjeta de crédito.
- Pregunta a tu veterinario sobre criadores de confianza en la zona.
- Evita sitios web que anuncien "múltiples camadas disponibles en el momento" o "cachorros siempre disponibles". Las compras rápidas son muy convenientes, pero casi nunca provienen de un criador de confianza.
- Recuerda: las mejores cosas de la vida llevan tiempo. Llevará tiempo encontrar al criador adecuado para tu cachorro Maltipoo y luego es posible que tengas que esperar hasta que haya una camada.
- Busque a quien no críe a sus perros hasta que tengan más de dos o tres años.
- Dile no a un cachorro cuyos padres sean poco amistosos y no te permitan acercarse a ellos o te gruñan, porque el mal comportamiento se aprende de ellos.

Es aconsejable poner tanto esfuerzo en investigar dónde comprar un cachorro como lo harías al comprar un vehículo o un electrodoméstico.

Antes de comprar un Maltipoo, es importante investigar la salud de ambos padres. Si es posible, asegúrate de que tengan un certificado de salud de la Fundación Ortopédica para Animales para la tiroides y las rodillas (rótula). También pide ver la certificación de la Fundación del Registro Canino que confirme que sus ojos no tienen ningún tipo de problema y, si es posible, una prueba de ADN para la atrofia progresiva de retina.

Foto cortesía de
Sue Watson

Estos problemas de salud no se manifiestan hasta que el Caniche o el Maltés alcanzan la madurez, por lo que no se otorgan certificados de salud si el perro tiene menos de dos años.

Recuerda, un Maltipoo reflejará la personalidad de sus padres. Un criador irresponsable puede hacer un desastre si estos tienen problemas genéticos. Puede resultar en un pequeño perro quejumbroso y ruidoso que sería casi imposible de entrenar, con una lista larga y costosa de problemas de salud.

¿Qué pasa con adoptar un Maltipoo de un refugio?

Lamentablemente, muchos Maltipoos terminan en refugios o han sido rescatados de familias que no los cuidaban bien. Estos perros necesitan desesperadamente a alguien que los ame y cuide.

Pero ¿cómo puedes buscar un Maltipoo rescatado?

Usa internet para buscar dentro de la zona en la que vives. Hay muchos sitios web que pueden ayudar a reducir tu búsqueda a un área general, o a rasgos específicos que estás buscando (como perros que ya han sido entrenados para hacer sus necesidades). Muchos refugios tienen sitios web que pueden dirigirte a grupos de rescate.

Aquí hay una lista de preguntas que puede hacer antes de adoptar:
1. ¿Socializa bien con otros animales?
2. ¿Cómo se relaciona con los trabajadores del refugio, niños o visitantes?
3. ¿Cuál es su edad?
4. ¿Está entrenado para hacer sus necesidades?
5. ¿Ha mordido alguna vez a alguien (que ellos sepan)?
6. ¿Tiene algún problema de salud?

Siempre asegúrate de tener un contrato con el vendedor, refugio o grupo de rescate que detalle de forma clara las responsabilidades de cada parte.

Tan pronto como lo adoptes o lo compres, llévalo de inmediato para que le realicen un chequeo. Un buen veterinario a menudo podrá detectar cualquier condición o problema de salud. Además, puedes establecer un régimen para mantener a tu cachorro en buen estado de salud para un futuro.

Ventajas y desventajas de tener un Maltipoo

"Los Maltipoos son excelentes para condominios, apartamentos o una casa con un patio pequeño. Pueden satisfacer sus requisitos de ejercicio mientras juegan o buscan objetos en interiores."

Rebecca Posten
riversidepuppies.biz

Todo en la vida tiene altos y bajos. En muchas situaciones, las desventajas superan a las ventajas. Pero ¡este no es el caso! Por eso, esta raza está ganando una gran popularidad en los Estados Unidos.

Ventajas

- Los Maltipoos son súper inteligentes, por lo que son muy fáciles de entrenar para hacer sus necesidades en casa. También responden bien al entrenamiento con arenero (para quienes viven en edificios altos).
- Son perros maravillosos para dueños primerizos debido a su deseo de complacerlos. Aprenden rápido y responden al afecto que uno le da.
- Además, son ideales para vivir en espacios pequeños, ya que con un paseo alrededor de la manzana les es suficiente. Por otro lado, puede ayudarte a comenzar a caminar más y hacer ejercicio, lo que beneficia tu salud.
- Los Maltipoos no mudan su pelaje, por lo que no tendrás que estar limpiando constantemente tu casa, y tu ropa no estará cubierta de pelo cada vez que lo levantes para abrazarlo.
- Son como cachorros eternos, mantienen su apariencia y comportamiento tierno y cariñoso hasta bien entrada la edad adulta. Sabrás que has encontrado a tu nuevo mejor amigo, ya que aman pasar tiempo contigo.
- Son conocidos por ser muy adaptables a los cambios, siempre y cuando estén juntos, lo que los convierte en compañeros de viaje ideales.
- En el caso de que tengas un gato, no te preocupes: pronto estarán jugando sin parar y acurrucándose juntos durante la siesta, ya que aman a los gatos y se hacen amigos de ellos rápidamente.

Desventajas

- Los Maltipoos son muy pequeños y su tamaño los hace frágiles e indefensos. Por lo tanto, no se recomiendan para familias con niños pequeños, ya que podrían lastimarlo de gravedad mientras juegan. Pero, en el caso de que tengas visitas con frecuencia, debes enseñarles cómo agarrar o jugar con tu cachorro y nunca los dejes sin supervisión.
- Por su tamaño, no son adecuados como perros guardianes. Pueden ladrar y tal vez morder alrededor de los tobillos, pero eso es todo. Además, son tan amistosos que hasta se podrían encariñar con desconocidos.
- En cuanto a su salud, es importante que conozcas los problemas que podría llegar a presentar para poder tomar medidas preventivas desde el principio.
- Los Maltipoos fueron cruzados para ser mascotas aptas para aquellas personas que sufren de alergias, aunque también pueden producir algo de caspa.
- Estos cachorros son de alto mantenimiento ya que es necesario cepillarlos al menos una vez al día, y bañarlos cada tres semanas, para evitar que su piel se reseque.

Como puedes ver, las ventajas superan a las desventajas, y estos puntos en contra no son factores decisivos. Por eso tener un cachorro Maltipoo será una de las mejores decisiones de tu vida, en un abrir y cerrar de ojos se convertirá en tu mejor amigo y fiel compañero.

Pero ¿cómo se llevará con tus otras mascotas?

Los Maltipoos y otros perros

Por lo general, son muy sociables y se llevan bien con otros perros y mascotas, ya sea que se hayan criado con ellos o no.

Siempre hay alguna forma de rivalidad entre hermanos, pero siempre puede controlarse cuando los padres intervienen antes de que se salga de control. Cuando lleves a tu Maltipoo a casa, esto puede ser algo esperable.

Vacunas y otros perros

A los cachorros se los suele vacunar a los cuatro meses, por eso se recomienda evitar socializarlo antes de esa edad, ya que no puedes saber si los otros perros han sido vacunados o son seguros para tu Maltipoo.

¿Son seguras las presentaciones con perros adultos?

Si tu perro está al día con sus vacunas, es muy poco probable que exista algún tipo de riesgo, pero si no está vacunado y tiene alguna enfermedad, podría ser muy peligroso para tu cachorro.

Hábitat ideal para un Maltipoo

" Los Maltipoos pueden ser grandes compañeros, y se adaptarán a cualquier entorno: ya sea que eres atlético y te gusta hacer senderismo, trotar o jugar en el parque, o si disfrutas quedarte en casa viendo televisión."

Spencer Carranza
maltipoored.com

Desde siempre los perros son grandes compañeros de los humanos, hoy en día la mayoría de las razas no podrían sobrevivir sin su compañía, ya que son incapaces de vivir en la naturaleza o en las calles sin una persona que los cuide y los alimente.

Dado que los perros son animales domesticados, necesitan vivir en hábitats protegidos con refugio, calor, comida y afecto, y la mayoría serían incapaces de encontrar alimentos por sí mismos.

¿Cuál es el hábitat ideal para tu Maltipoo?

Compañía

Como ya hemos visto, los Maltipoos son muy sociables, rápidamente forman un vínculo fuerte con sus dueños, y les encanta hacerlos felices.

Será el perro más fiel y leal que jamás tendrás, y todo lo que tienes que hacer para ganar su amistad es mostrarle amor y atención.

Es importante que sepas que como los perros se adaptan a su entorno, si en tu casa hay gritos y un ambiente tenso, es probable que no quiera pasar tiempo contigo. Por eso, siempre trata de hacer de tu hogar un refugio pacífico, no solo para ti y tu familia, sino también para el bienestar de tu Maltipoo.

Refugio

Tu hogar es el hábitat ideal porque es un ambiente cálido, acogedor y reconfortante, pero la razón principal es porque tú vives allí.

Los Maltipoos no requieren demasiado espacio, por lo que se pueden adaptar a un pequeño apartamento o un patio pequeño. Lo más importante para ellos es tu presencia para que se sientan seguros y protegidos.

Estos cachorros necesitan estar con usted y no encerrados en el cuarto de lavado o en una jaula. Son propensos a la ansiedad por separación, por lo que si estás fuera de casa durante muchas horas, lo mejor es que reconsideres tus opciones.

Alimentación

Los Maltipoos necesitan que le proporciones una dieta saludable y completa, así como agua fresca. Además, algunos tienen tendencia a alergias alimentarias, por lo que es posible que debas adaptar su alimentación. También debes controlar su peso, ya que, al estar en casa todo el día, pueden comer por aburrimiento.

Vínculo afectivo

Todos los animales domesticados responden al afecto tal como lo hacemos los humanos: nos hace sentir seguros y protegidos. Entonces ¿cómo puedes demostrarle a tu Maltipoo que lo amas?

Frotar su orejas puede ser una buena opción para empezar: tienen terminaciones nerviosas que liberan endorfinas cuando se frotan, y lo hacen sentir amado.

Alimentarlo con la mano es una forma íntima de crear un vínculo, y más aún cuando es un cachorro. Muestra que te preocupas por él y que apruebas su comportamiento.

Dile que lo quieres, no entenderá tus palabras, pero sí el tono de tu voz.

Entonces ¿es un Maltipoo el cachorro ideal para ti?

En este capítulo se describió la familia ideal para un Maltipoo. Si eres de buen corazón con mucho amor para dar, entonces podría ser el ideal. No necesitan mucho espacio, pueden ser felices en un apartamentos, y algunos paseos cortos por día serán suficientes.

También se explicó cómo presentarlo a sus otros perros. (Más adelante aprenderás cómo tener en cuenta sus instintos territoriales y hacer presentaciones mediante su sentido del olfato.)

Además, son una gran elección para dueños primerizos, ya que son muy fáciles de entrenar y siempre buscan complacer. Son ideales para personas mayores o familias con niños más grandes, que los tratarán con amor y delicadeza.

Los cachorros Maltipoo aman acurrucarse y son muy sensibles a las necesidades de sus dueños. Entonces ¿crees que podrías darle el afecto y la atención que necesita? Si es así, entonces es el indicado para ti.

Estos cachorros pueden robarte el corazón en cuestión de segundos y en ese momento comprenderás por qué se están convirtiendo en una de las más elegidas.

CAPÍTULO TRES
Cómo preparar tu casa para tu Maltipoo

Sabías que el 90 por ciento de las mascotas domésticas viven dentro de nuestras casas?

Algunas pueden tener libertad para moverse por toda la casa o quizás solo hasta cierto punto. Tu Maltipoo debería poder moverse libremente una vez que esté entrenado para hacer sus necesidades, aunque los cachorros aman explorar y a veces pueden meterse en problemas. Las probabilidades de que rompan algo son casi del 99 por ciento. ¿Cómo puedes preparar tu hogar antes de que llegue?

Foto cortesía de Meredith Edwards

Cómo preparar tu hogar a prueba de cachorros

Es importante que prepares tu casa a prueba de cachorros antes de que tu Maltipoo llegue y comience a olfatear en busca de problemas: tienen la tendencia de investigar su entorno tocando, masticando y probando. Si no tomas precauciones, puede destruir algunas de tus pertenencias valiosas en cuestión de minutos.

Además, a medida que siguen creciendo, este deseo de explorar no desaparece. Algunos objetos podrían hacerles daño si los tragan e incluso podrían ser tóxicos para ellos. Casi todo lo que debería mantenerse alejado de un niño pequeño también debería mantenerse alejado de tu Maltipoo.

Esta es una lista de algunos pasos básicos a seguir (es posible que necesites agregar algunos elementos):

Basura

Mantén el bote de basura fuera de su vista, y si no, asegúrate de que tenga una tapa bien ajustada o hermética, y que sea lo suficientemente pesado como para que no lo pueda volcar. Los perros tienen un excelente sentido del olfato, y pueden sentirse tentados de explorar los diferentes olores que provienen de allí.

Enchufes eléctricos y cables

A los cachorros les encanta lamer los enchufes. Por eso, asegúrate de ponerles cubiertas, y que los cables eléctricos estén fuera de su vista o ajustados contra la pared para que no se sienta tentado a masticarlos.

Muebles y otros elementos decorativos

Cualquier decoración u objeto que tu Maltipoo pueda masticar o derribar por accidente deben colocarse en estantes altos. Guarda todos tus zapatos en el armario, ya que son su artículo favorito para masticar. Asegura las lámparas que puedan caerse si choca con la mesa y quita cualquier objeto que interrumpa el paso.

Asegura cualquier cordón colgante de persianas y cortinas para que estén fuera de su alcance, y en el baño, recuerda mantener la tapa del inodoro baja. El cachorro podría saltar allí, caer y ahogarse.

Medicamentos

Los cachorros pueden masticar fácilmente cualquier cosa, incluidas las tapas a prueba de niños, y devorar rápidamente cualquier cosa que salga de los envases. Coloca todos los artículos de tocador y medicamentos fuera de su alcance.

Productos de limpieza

Los productos de limpieza pueden ser tóxicos para los humanos y aún más para tu pequeño cachorro Maltipoo. Guarda todos los productos de limpieza en armarios, y si se derraman, límpialos de inmediato para que no los pise o los lama.

Patio

Si tienes un patio, asegúrate de que no haya agujeros en la cerca por los que tu Maltipoo pueda escabullirse. Te sorprendería de lo poco que necesitan para arrastrarse por debajo. Asegura la cerca y verifica que no haya objetos afilados o peligrosos que puedan lastimarlo.

Plantas

Muchas plantas de interior, como los filodendros, los lirios, el muérdago, la flor de pascua y las plantas de tomate, son tóxicas para los perros. Si tienes alguna de estas, que estén fuera de su alcance, porque si mastica sus hojas, podría ser grave o incluso fatal.

Escaleras y balcones

Si tienes una escalera, asegúrate de que haya una puerta de seguridad para evitar que el cachorro suba o baje, podría caerse y fracturarse un hueso. Además, demasiada tensión en su cuerpo en desarrollo podría causar daños permanentes en sus caderas y rodillas.

Cierra cualquier acceso al balcón o terraza, ya que podría caerse fácilmente a través de las aberturas en la barandilla.

Compostaje

Si tienes una pila de compost en tu patio, asegúrate de que tu cachorro no pueda acceder a ella, en especial si estás desechando café, porque puede ser tóxico incluso en pequeñas cantidades.

Prepárate en cada detalle

Estas son algunas cosas simples que puedes hacer para preparar tu casa o apartamento antes de la llegada de tu Maltipoo. Estos consejos ayudarán a que tu mejor amigo de cuatro patas esté seguro, protegido, y viva una vida larga y feliz a tu lado.

Haz un recorrido exhaustivo: ponte al nivel de tu cachorro y gatea por toda la casa, así podrás ver qué peligros se pueden evitar. También, realiza una limpieza profunda y verifica que no haya objetos frágiles o que pudiera tragarse.

Reglas y rutinas de la casa

"Los Maltipoos se adaptan muy bien a cualquier hogar en donde se les brinde amor y atención. Son muy buenos con los niños y excelentes para personas mayores".

Renee Banovich
aTender1sPuppies.com

Las reglas y rutinas son importantes para mantener el orden y la paz en el hogar. La consistencia es la clave para ayudar a tu nuevo Maltipoo a establecerse rápidamente y ser parte de la familia.

Lo que impones en tu casa refleja tu personalidad y el tipo de relación que tendrás con tu cachorro. Lo mejor es que siempre te bases en la confianza mutua, el respeto y el amor, y evitar la corrección verbal severa y el castigo físico. Como hemos aprendido, los Maltipoos son muy sensibles y si los tratas mal les causarás problemas emocionales irreversibles.

Es muy importante que antes de llevar a tu Maltipoo a casa, hablen con tu familia y se pongan de acuerdo sobre los siguientes asuntos:

¿Dónde dormirá?
Se recomienda que duerma en un espacio cerca de alguien. Son muy sociables y se angustian fácilmente cuando se los deja solos.

¿Permitirás que se suba a los muebles?
Al acurrucarte con el cachorro en el sofá, le estás enseñando que se le permite estar en los muebles. Asegúrate de que todos estén de acuerdo porque a algunos no les agrada.

¿Dónde estará durante el día?
Aquellos dueños que están jubilados, trabajan desde casa o tienen el lujo de llevar a su perro al trabajo no tendrán que dejarlo solo. Esto permite una supervisión directa durante la primera semana, con descansos

para ir al baño. Si se quedará solo durante el día, es posible que debas considerar contratar a un cuidador.

¿Qué juegos le permitirá jugar?

Algunos juegos refuerzan comportamientos negativos como saltar sobre las personas, morder o ladrar. Asegúrate de que toda la familia esté de acuerdo sobre los juegos que practicarán.

¿Qué, cuándo y quién lo alimentará?

Los Maltipoos necesitan un horario fijo para comer. Hasta que tengan cuatro meses, comerá cuatro veces al día, luego tres. Deberás

*Foto cortesía de
Joanna Howard*

decidir cuándo se le dará cada comida y quién lo hará, para evitar la sobrealimentación.

Por último, deberás elegir el tipo de alimento. Si es una marca comercial, fíjate que solo contenga alimentos integrales, y no conservantes artificiales que puedan alterar su estómago.

¿Quién lo entrenará?

Puede tener un entrenador principal, pero ¡todos pueden participar!. Decide de antemano los trucos y comportamientos que te gustaría que tu cachorro aprendiera. Haz una lista de palabras clave para cada uno y pégala en el refrigerador, para que todos utilicen las mismas señales.

¿Cómo lo corregirás por sus errores?

La falta de disciplina es el peor enemigo de cualquier perro. Asegúrate de que toda la familia entienda cómo educarlo. Cuando cometa un error, interrumpa su comportamiento de manera calma con un firme "no", y luego redirija su atención a otra cosa.

Los cachorros desarrollarán sus hábitos en los primeros meses. Desde el principio, no le des la oportunidad de que tenga malos comportamientos, sino reemplázalo con uno positivo.

Tener una mascota es una gran responsabilidad. La forma en que le enseñes las reglas de la casa hará que pase el resto de su vida compartiendo tu amorosa compañía. Tu Maltipoo merece un hogar cariñoso, así que asegúrate de que tus reglas conduzcan a eso.

Suministros que debes tener a mano

Las familias pasan meses preparándose para la llegada de un nuevo bebé. Un nuevo cachorro no necesita tanta preparación, pero requiere cierta organización antes de que llegue el gran día.

¿Cómo puedes hacer para que tu Maltipoo se sienta cómodo mientras se adapta a su nuevo entorno y a vivir contigo? Necesitas adquirir algunos suministros:

- **Collar y correa:** Elige un collar que pueda sostener la chapa e identificación de tu perro. Deberías poder poner dos dedos entre el collar y su cuello, es probable que en poco tiempo le quede chico. La correa debe ser resistente y bien hecha, de al menos 1,2 metros de largo. A medida que su cachorro crezca, es posible que necesites una más larga.
- **Área de contención:** Un corral de ejercicio expandible, un parque infantil o un área con puertas donde puedas dejar a tu cachorro para

que no deambule por la casa es una buena idea. Si has decidido entrenarlo con una jaula, que sea lo suficientemente grande para que pueda pararse y darse la vuelta cuando sea más grande.

- **Cama:** Desde el primer día, necesitará un lugar suave y cómodo para dormir. En una tienda de mascotas, puedes encontrar camas con cubiertas de vellón y piel de oveja para mantener a tu cachorro calientito.

- **Recipientes para comida y agua:** Elige los que son de cerámica o acero inoxidable y evita los de plástico que tienen tinte rojo, ya que puede irritar los ojos de tu Maltipoo. Fíjate que siempre estén llenos, para que pueda beber o comer siempre que quiera.

- **Comida para cachorros:** Su cachorro puede ser muy pequeño, pero tiene un gran apetito, y necesita alimentos que ayuden en su crecimiento y desarrollo. Revisa las recomendaciones alimenticias con tu veterinario para asegurarte de que el alimento que has elegido sea adecuado.

- **Cepillo:** Su Maltipoo necesitará ser cepillado una vez al día, lo que mantendrá su pelaje saludable y brillante; cuanto antes comiences a hacerlo, mejor se comportará.Recuerda, necesitarás un buen cepillo diseñado para su tipo de pelaje.

- **Juguetes para masticar:** Los cachorros que están en la etapa de dentición tienen las encías doloridas, lo que les hace querer masticar todo lo que ven. Si no tiene suficientes juguetes para masticar a mano, podría desquitarse con tus zapatos y cojines. Puedes encontrarlos en una tienda para mascotas, que sean apropiados para el tipo y la edad de perro que tienes. Supervísalo de cerca cuando esté masticando y, si ves que rompió alguno, deséchalo de inmediato. Uno muy popular es el "Kong", que tiene golosinas adentro.

- **Productos de limpieza:** Los productos de limpieza son una de las principales cosas que necesitarás tener a mano desde el primer día. Hay muchos limpiadores en el mercado que son seguros para mascotas. Busca aquellos que contengan enzimas y puedan descomponer las proteínas en la orina que hacen que tu cachorro vuelva a hacer sus necesidades en el mismo lugar. Esto ayudará a prevenir futuros accidentes.

- **Periódicos:** Si vas a entrenar a tu Maltipoo para usar una caja de arena, asegúrate de tener periódicos a mano mientras hace la transición a la caja de arena. Debes usar arena especial para perros, ya que intentará comer la arena para gatos y es tóxica.

Proveedores de servicios

Nunca es demasiado pronto para comenzar a investigar los diferentes proveedores de servicios que necesitarás para ayudar a criar a tu adorable cachorro Maltipoo. Necesitarás encontrar un veterinario, un peluquero y, si es necesario, un instructor de entrenamiento, una perrera, un cuidador de mascotas, un paseador o una guardería canina.

¿Cómo puedes encontrar información?

Una forma es mediante una búsqueda en Internet. Podrás ver todos los profesionales en cada campo que trabajen cerca tuyo en cuestión de segundos. Muchos sitios web ofrecen referencias y reseñas.

Una segunda opción, el boca a boca, es sin duda la mejor, ya que se basa en opiniones de aquellos en quienes confías. Pregunta a tus vecinos y amigos a quién recomiendan para un determinado servicio.

Foto cortesía de Bonnie L Braud

Además, preguntar por las redes sociales puede darte una cantidad infinita de comentarios para poder elegir a la mejor persona para el trabajo en cuestión.

Una tercera opción es consultar las páginas amarillas.

La mejor manera de decidir si un proveedor de servicios es el adecuado para ti es llamarlo. Si no es amable por teléfono, es probable que no lo sea en persona ni con tu cachorro. Táchalo y pasa al siguiente nombre.

Si pasaron la prueba telefónica, pregunta si puedes visitarlos para hacer algunas preguntas y verlos trabajar.

Cuando lo hagas, observa cómo tratan a sus clientes humanos y caninos. ¿Son respetuosos y cuidadosos? ¿Los perros se ven relajados y cómodos, o estresados? ¿Las instalaciones están limpias y ordenadas, sin olores desagradables? Toma nota y tacha a los que no cumplan con tus expectativas.

Una vez que hayaa elegido a tus favoritos, haz una lista y guárdala en un lugar seguro. Lo ideal sería llamar al veterinario para programar una cita para el primer chequeo de tu cachorro.

El viaje a casa

El gran día ha llegado, el día para ir a recoger a tu Maltipoo y llevarlo a casa. Es posible que estés abrumado de alegría y felicidad, pero ¿cómo se siente él?

Lo más probable es que no esté emocionado: lo estás alejando de todo lo que ha conocido, su guarida y su familia, y esto puede ser muy estresante para un cachorro de ocho semanas.

Si estás bien preparado, puedes hacer que el viaje a su nuevo hogar sea una experiencia tranquila de vinculación.

Antes de recogerlo

Trata de pedirte unos días libres en el trabajo, aproximadamente de cinco a siete, para poder entrenar a tu Maltipoo para que haga sus necesidades y evitar que se arraiguen malos hábitos.

Trata de llevarlo a casa durante un fin de semana largo o tus vacaciones. Esto permitirá las presentaciones adecuadas, la socialización y el entrenamiento para hacer sus necesidades. Evita fechas como Navidad o Año Nuevo, ya que las festividades interferirán con la atención que necesita.

Pídele a un amigo o familiar que te acompañe a recogerlo, y que conduzca él, así puedes ocuparte del cachorro.

También es una buena idea tener un segundo par de oídos para que escuche las instrucciones que te da el criador. Con toda la emoción, es muy fácil olvidar algo importante.

Anótate de antemano cualquier duda que puedas tener, como el horario de alimentación y su cuidado general, para no olvidar preguntas importantes.

Es clave que le pidas al criador que no alimente a tu Maltipoo el día que planeas recogerlo. Es común que los cachorros experimenten mareos por el viaje en automóvil y un estómago vacío es la mejor manera de prevenirlo.

Si lo vas a llevar en una jaula, asegúrate de que el criador se la haya presentado unos días antes de tu llegada, esto hará que la experiencia sea menos traumática.

En el criadero o en el refugio

Los primeros días aliméntalo con la comida que ya le daban, y haz el cambio paulatinamente, ya que si es repentino puede alterar su estómago o hacer que pierda el apetito. Puedes mezclar la comida antigua con la nueva, lo que ayudará a una transición fácil.

Recopila toda la documentación necesaria: el contrato de adopción, registros veterinarios y cualquier otra documentación que el criador haya prometido.

Llega temprano a tu cita, ya que debes jugar con tu cachorro de diez a quince minutos para presentarte. Esto ayudará a que esté tranquilo en el viaje a casa porque al menos ya reconocerá tu olor.

El viaje en coche a casa

Lo más probable es que esta sea la primera vez que tu Maltipoo se sube a un automóvil. Deja que lo explore primero oliéndolo. Esto puede tomar un par de minutos, pero ayudará a que confíe en ti desde el primer día y es parte del proceso de vinculación.

Si es posible, siéntate en el asiento trasero con él. Cubre tu regazo y la tapicería con una toalla o manta, en caso de que se maree.

Si comienza a llorar o a quejarse, no seas demasiado afectuoso, ya que eso solo reforzará el comportamiento. Solo acarícialo con suavidad y déjalo relajarse. Si se pone rebelde y muy ruidoso, ponlo en el suelo entre tus pies. Esto será como una guarida y lo ayudará a calmarse.

Si es un viaje largo, haz una parada para ir al baño, pero que no sean lugares que hayan sido frecuentados por otros perros. Tu pequeño cachorro aún no ha sido vacunado, por lo que es susceptible a diferentes tipos de enfermedades.

Al llegar a tu casa

Una vez que llegues a casa, es hora de presentarlo a su nuevo entorno. Las primeras impresiones perduran, así que asegúrate de que haya un ambiente relajado y libre de estrés.

Lo más importante es que no debes castigarlo por nada en el mundo, está abrumado y asustado, y eso solo causaría confusión y estrés.

Primero, llévalo al área que elegiste para que haga sus necesidades. Si va al lugar designado, elógialo, y ¡listo! Ya has comenzado a entrenar a tu Maltipoo.

Cuando lo lleves al interior, déjalo explorar por su propia voluntad. Si comienza a roer o masticar los cojines o muebles, distráelo rápidamente con un juguete para masticar.

Cada vez que te mire, di su nombre de manera alegre. Esto le enseña su nombre y que usted es su líder de manada.

Dale algo de comer y solo disfruta del nuevo miembro de tu familia, pronto se convertirá en el amigo más leal de tu vida.

Presentando tu Maltipoo a otras mascotas

¿Cómo puedes presentarlo a tus otros perros?

Primero, necesitas saber cómo puede llegar a actuar tu otro perro, para que no te sorprenda por su reacción. Pueden gruñir y despreciar al nuevo cachorro, pero lo más probable es que no lo lastimen.

Los instintos territoriales entran en juego cuando se introduce un nuevo integrante a la casa. Es por eso que los perros necesitan conocerse en sus propios términos y no en los nuestros: los humanos dependen de la vista para hacer juicios, pero ellos confían mucho en su sentido del olfato. Es mejor si pueden olerse entre sí antes del encuentro cara a cara.

¿Cómo puedes presentarlos utilizando su sentido del olfato? Sigue estas cuatro sugerencias simples:

1. **Primera presentación:** Pon a cada perro en una habitación separada, pero colócales un artículo (como una manta o juguete) que pertenezca al otro. Se sentirán muy seguros en sus áreas cerradas y podrán oler el aroma del otro sin sentirse intimidados. Después de un tiempo, cambia los artículos de vuelta, para que puedan comunicarse por el olfato.

2. **Segunda presentación:** Deja que el nuevo perro deambule por la casa. Esto le permite conocer el entorno y oler su nuevo ambiente. Podrá oler el aroma del otro perro. Mientras camina, está dejando su aroma para que el otro lo huela. Es muy importante durante este paso que el otro perro esté fuera de vista. Después de guardar al nuevo perro, saca al otro, para que pueda oler el nuevo aroma.

3. **Tercera presentación:** Intercambia los perros. Lleva a cada uno al lugar de descanso del otro y déjalos descansar allí, con más olores para conocer y familiarizarse. Además, cuando los saques para hacer sus necesidades, déjalos oler el área que usa cada uno.

4. **Cuarta reunión:** Por último, llega el gran momento, cuando se encuentran cara a cara. Por razones territoriales, es preferible tener la reunión en una zona neutral. Quizás puedas usar el patio de tu vecino o cualquier área cerrada que esté libre de sus aromas. Como ya han sido formalmente presentados por el olfato, por lo general solo correrán para saludarse y olerse el uno al otro, sin señales de querer pelear.

Este es un método libre de estrés para presentarlos porque estás trabajando con sus instintos naturales. Podrías hacer el proceso en un día, pero suele funcionar mejor si lo haces en varias oportunidades.

Debes recordar que tu casa pertenecía a tu otro perro, por lo que tiene algunos derechos. ¿Cómo te sentirías si alguien que no conoces entrara y se apropiara de tu casa? Estarías muy perturbado y molesto. Ahora, imagínate cómo se siente tu perro mayor. Hay un extraño en la casa y la familia le está dando toda la atención que nunca tuvo que compartir. Tiene derecho a estar molesto, así que sé paciente con él y haz que entienda que todavía lo amas tanto como antes.

Los gruñidos son una forma de comunicación que los perros mayores usan pero que los cachorros aún no han aprendido a usar correctamente. Es posible que los nuevos cachorros hayan pasado por alto algunas señales sutiles, como que el otro perro se aleje o se enrolle en una bola. El gruñido es la única forma en que el cachorro puede aprender que el perro mayor no quiere interactuar.

Si esa es la situación, no castigues a tu perro mayor. Solo está comunicándose y es una señal para que los separes por un tiempo, lo que les da un descanso muy necesario el uno del otro.

Por lo general, toma alrededor de tres semanas que los perros mayores acepten a un nuevo cachorro. No todos se convierten en mejores amigos, pero no te decepciones. Hay suficiente amor en la casa y todos tus perros se sentirán amados y cuidados.

Aquí hay algunos recordatorios de lo que no debes hacer al presentar a su Maltipoo con su perro mayor:

- No lo sostengas en brazos mientras haces las presentaciones. Esto hará que se sienta inseguro e indefenso. Deja que se conozcan a su propio nivel, en el suelo. Puedes estar cerca, para que el nuevo perro pueda esconderse entre tus piernas si se siente asustado. Pero no lo levante hasta que se complete la presentación.
- No permitas que tu perro mayor intimide al nuevo cachorro. Si eso sucede, es hora de separarlos por un tiempo.
- Nunca los encierres juntos en una habitación o en una jaula pensando que resolverán sus diferencias y se harán amigos. ¿Cómo te sentirías si te encierran en un cuarto con alguien que no conoces? ¡Es una receta para el desastre!
- Sus instintos entran en juego cuando es la hora de comer: necesitan proteger su comida. Por eso, nunca coloques sus platos uno al lado del otro; colócalos en diferentes partes de la habitación. Al hacerlo, evitarás peleas y aprenderán a comer solo de sus propios platos.
- "Dejar que peleen" es el peor consejo del mundo tanto para humanos como para perros. Pregúntate cómo te sientes acerca de alguien con quien tuviste una pelea verbal. ¿Sientes que resolvieron sus diferencias, o sientes que hay más problemas en la relación que antes? Lo más probable es que sea lo segundo.

Los perros pueden tener memoria corta, pero permitirles pelear les enseña que ese comportamiento es aceptable y el nuevo perro puede comenzar a sentirse intimidado e inseguro, lo que lleva a la ansiedad. Esto produce problemas de comportamiento y dificultad para aprender.

Si notas que tus perros tienen dificultad para aceptarse dentro de tu casa, sal a un entorno neutral. Ve a caminar por la manzana, con ambos perros en diferentes correas. En el paseo, es probable que hagan sus necesidades, y, por naturaleza, olerán la orina del otro. Esto puede ser un rompehielos para la mayoría de los perros.

Durante las primeras dos semanas, trata de no dejarlos solos juntos y siempre vigílalos cuando estén interactuando, por lo menos, hasta que estés seguro de que se han aceptado mutuamente.

Es importante continuar con la rutina normal de tu perro mayor, ya que ha establecido hábitos. Asegúrate de llevarlo a sus paseos diarios, alimentarlo y jugar con él en los mismos horarios que normalmente lo harías. Esto ayudará a que sienta que el nuevo cachorro no llegó para interrumpir su vida cotidiana.

CAPÍTULO CUATRO
Adiestramiento para que haga sus necesidades

Por fin has encontrado el cachorro de Maltipoo más adorable del mundo, pero el día que lo traes a casa es el comienzo de un nuevo desafío. A nadie le gusta despertarse por la mañana y ver un desastre en la alfombra del comedor. De repente, tu pequeño amigo ya no es tan adorable.

Por lo general se tarda menos de una semana en enseñarle a hacer sus necesidades. Podría tener algún accidente ocasional después de esos siete días, pero no será algo común. Los Maltipoos tienen un metabolismo muy rápido, lo que significa que necesitarán ir al baño con más frecuencia que un perro más grande.

¿Qué sucede si has adoptado un Maltipoo adulto y no ha sido correctamente adiestrado para hacer sus necesidades?

Foto cortesía de Valentina Hartman

Será más desafiante, pero las sugerencias que se encuentran en este capítulo pueden ayudarte a adiestrarlo con éxito. Podría tomar más de siete días, además de mucha paciencia y amor. Verás que puedes enseñarle nuevos trucos, especialmente en lo que respecta a hacer sus necesidades.

Hay una cita famosa que dice: "Mi actitud se basa en cómo me tratas".

Tu Maltipoo responderá según cómo lo trates. Si es con amabilidad, paciencia y amor, responderá de la misma manera. Pero si actúas nervioso y molesto cuando tiene un accidente, se pondrá inquieto y confundido.

Estate listo desde el primer día

Hay libros enteros dedicados a cómo adiestrar a tu perro para hacer sus necesidades, pero en este capítulo nos enfocamos en cómo adiestrarlo eficientemente. Encontrarás que las sugerencias son útiles para casi cualquier perro, pero en especial para su Maltipoo, que súper inteligente.

Aquí hay una lista de artículos que deberías tener a mano para comenzar el adiestramiento:

- **Premios:** Sería ideal comprar galletas o premios antes de que llegue a casa. Una vez que esté allí, no tendrás tiempo para ir a la tienda. Si has optado por hacer premios caseros, es aconsejable hacerlos con anticipación.

  Los premios pueden usarse como recompensas cuando hace sus necesidades en el área designada. Esto te ayudará a enseñarle que se le premia por un comportamiento positivo y querrá repetir el proceso para recibir un premio.

- **Juguete que hace ruido:** Esto puede ser útil cuando nota que está a punto de hacer sus necesidades, ya que lo distraerá y evitará que lo haga.

- **Caja de arena:** Si lo vas a adiestrar para usar una caja de arena, asegúrate de tener una caja que sea del tamaño correcto, incluso para cuando sea más grande. Ten la caja lista con arena nueva dentro. Es aconsejable poner periódico alrededor, en caso de que tenga un accidente antes de llegar a la caja.

  Junto con la caja de arena y la arena, necesitarás una pala para retirar las heces secas.

- **Puertas de seguridad:** Las barreras de seguridad para bebés ayudarán a evitar que su cachorro deambule por áreas donde no quieres que esté hasta que aprenda a hacer sus necesidades.
- **Bolsas de plástico:** Las bolsas oblongas, como las utilizadas para periódicos o barras de pan, son muy útiles para recoger los excrementos.
- **Productos de limpieza:** Busca productos de limpieza especialmente diseñados para limpiar pis o materia fecal. Sacarán el olor por completo.
- **Correa y collar:** Asegúrate de conseguir una correa que tenga al menos 1,8 metros de largo; esto le dará el espacio necesario para encontrar un lugar perfecto para hacer sus necesidades mientras lo mantienes atado para que no pueda escapar.
- **Chaqueta o suéter para perros:** Si vas a adiestrarlo para que haga sus necesidades al aire libre durante el invierno, esto lo mantendrá caliente y cómodo mientras se toma su tiempo para encontrar el lugar ideal.

  Asegúrate de tener también una chaqueta o suéter abrigado, ya que a los cachorros Maltipoo les encanta explorar su lugar minuciosamente antes de hacer sus necesidades. Además, un paraguas grande es útil para que no se mojen.
- **Luz negra:** Un dispositivo que ayuda a mostrar manchas de orina, que de otro modo serían invisibles para los humanos. Esto te ayudará a limpiar eficientemente cualquier desastre, evitando futuros accidentes en la misma área.
- **Cercado:** Si tienes un patio donde planeas dejar que deambule libremente, fíate que la cerca no tenga agujeros por los que tu Maltipoo pueda arrastrarse y escapar. También, que sea lo suficientemente alta para mantener a otros perros fuera.
- **Jaula:** Si lo vas a adiestrar con jaula, que sea lo suficientemente grande para que pueda pararse cómodamente, darse la vuelta y acostarse. Toma en consideración el tamaño del cachorro cuando sea adulto.

Además, antes de comenzar a adiestrarlo, debes asegurarse de tener la actitud correcta desde el primer día; de lo contrario, ambos sufrirán. Aquí hay algunas sugerencias sobre cómo mentalizarse para el adiestramiento.

Tiempo y paciencia

El proceso no va a ocurrir de la noche a la mañana. El primer paso es preparar tu actitud. Debes dedicar tiempo y energía, y a veces, necesitarás ser extremadamente paciente con él.

Todos los cachorros tienen sistemas digestivos rápidos; la regla general es que cuanto más pequeño sea el cachorro, más rápido será. Los Maltipoos no son una excepción: necesitarán ir al baño poco después de comer o beber.

La primera semana se tratará de enseñarle a hacer sus necesidades en su lugar designado, ya sea en la caja de arena o afuera. Esto significa que estarás lo estarás llevando allí más de diez veces al día. Tomará tiempo, pero valdrá la pena cuando tu cachorro se dirija a su lugar designado para hacer sus necesidades por voluntad propia.

La paciencia entra en juego durante la primera semana, cuando te despierta llorando porque quiere ir al baño. Si estás adiestrando para que haga afuera, esto podría significar estar bajo la lluvia torrencial a las 2 a.m., mientras tu Maltipoo elige lentamente el lugar correcto. Pero recuerda, está aprendiendo a controlar sus funciones corporales, así que esto es solo temporal. Después de unos días, podrá controlar su vejiga durante toda la noche y podrás dormir de largo.

Positividad

"Cuando tiene un accidente, nunca le grites, pero hazle saber que no está contento. ¡Solo querrá complacerte!"

Dena Fidanza
www.denasdoggies.com

Todos hemos experimentado lo siguiente: estamos tratando de hacer algo bajo la atenta mirada de nuestro superior. Comienzan a irritarse y molestarse con nosotros porque estamos tardando demasiado. ¿Cómo nos sentimos bajo esa presión? Nos hace ponernos estresados y nerviosos, lo que nos lleva a cometer un error.

Ahora, ¿cómo se siente tu cachorro cuando lo estás mirando con enfado y hablándole enojado?

Se siente de la misma manera que tú. Lo haces sentir nervioso y estresado, porque todavía está aprendiendo a controlar su vejiga, y esto puede hacer que se haga encima. O peor aún, que olvide que necesita ir al baño, y luego, cuando vuelve a entrar a la casa, tiene un accidente porque ya no puede contenerse más.

El estrés y la negatividad son contagiosos.

Cuando tu Maltipoo está buscando el lugar perfecto para hacer sus necesidades, no querrás añadir más presión diciéndole que se apresure o empujándolo a la posición. Mientras está buscando el lugar ideal, se indiferente y no le hables, solo déjalo concentrarse en la tarea que tiene entre manos.

Algunos Maltipoo son tímidos, por lo quizás tengas que mirar hacia otro lado y darle algo de privacidad. La clave es hacerlo sentir cómodo y no apresurarlo o estresarlo.

Mantén la calma y nunca, pero nunca le grites. Si sientes que estás perdiendo el tiempo esperando a que haga sus necesidades, solo recuerda, más vale ahora que en un futuro. Así que trata de disfrutar este tiempo de vinculación con tu cachorro.

Para adiestrar correctamente a tu Maltipoo debes ser:
- Paciente
- Calmo
- Persistente y constante
- Positivo
- Respetuoso
- Firme

Recuerda, los perros son muy sensibles a nuestra actitud; lo perciben en nuestro tono de voz y lenguaje corporal. Si tienes una mala actitud hacia el adiestramiento, el cachorro lo captará y es muy probable que porte mal.

Tómate unos días libres del trabajo durante la primera semana, para estar junto a tu Maltipoo y adiestrarlo de la manera adecuada. En el caso de que no puedas hacerlo, contrata a un cuidador que te reemplace cuando no puedas estar.

Cómo adiestrar a tu Maltipoo para que haga sus necesidades

Tu Maltipoo tiene una vida muy ocupada: come, duerme, juega y hace sus necesidades. ¡Qué vida tan dura!

Entender su rutina y sus hábitos puede ayudarte a adiestrarlo con éxito para hacer sus necesidades.

Como un reloj

Comencemos por entender cómo funciona el sistema digestivo. Normalmente, de cinco a veinte minutos después de que come, tendrá que ir al baño. ¡Eso es bastante rápido! Al controlar los horarios de alimentación, puedes controlar los hábitos de ir al baño.

Si todavía es un cachorro, necesita comer más veces durante el día que un perro más grande. Su estómago es bastante pequeño y tiene un metabolismo más rápido, lo que es un factor clave. Una vez que establezcas un horario, puede tener descansos regulares para hacer sus necesidades en el lugar designado, poco después de comer.

Los cachorros Maltipoo necesitan comer aproximadamente de tres a cuatro veces al día. Trata de planificar las comidas cuando sepas que podrás llevarlo afuera. De esta manera, es poco probable que tenga un accidente dentro de la casa.

Rutina

"Comenzamos entrenándolos con periódicos y en una semana, los llevamos afuera para que hagan sus necesidades. Es importante que los cachorros tengan un lugar designado lejos de su ropa de cama y áreas de juego, ya que necesitan que esas áreas estén siempre limpias. También necesitan un horario para comer y hacer sus necesidades."

Rebecca Posten
riversidepuppies.biz

A los Maltipoo les encanta la rutina. Están ansiosos por adaptarse a nuestro estilo de vida y a nuestra familia. Cuanto antes entiendan tu horario y dónde pertenecen, más rápido se adaptarán, facilitando el adiestramiento para hacer sus necesidades.

Desde el primer día, necesitan conocer su área para dormir, su plato de agua y comida, y el área designada para hacer sus necesidades. Una vez que entiendan que todo tiene un lugar, el adiestramiento será mucho más fácil.

En promedio, necesitan ir al baño de ocho a diez veces por día. Tan pronto como sea posible, establece una rutina y enséñale que solo puede hacer sus necesidades en determinados momentos.

Justo antes de irte a dormir, llévalo a su lugar designado. En el caso de que esté durmiendo, solo levántalo y colócalo allí, luego espera hasta que haga sus necesidades. Esto le enseñará a adaptarse a tu rutina y evita que te despiertes en medio de la noche con un cachorro llorando.

De igual manera, cuando te levantes por la mañana, lo primero que debes hacer es despertar al cachorro y llevarlo a su lugar designado. Es muy probable que al principio quiera jugar, pero ten paciencia, ¡está aprendiendo!

Los primeros días, deberás llevarlo a que haga sus necesidades cada dos horas, pero poco a poco, esos intervalos se harán cada vez más largos, a medida que su vejiga se fortalezca. Antes de lo que imaginas, tu Maltipoo podrá dormir toda la noche.

Este adiestramiento le enseña que hay un tiempo y un lugar establecidos para ir al baño, que no puede simplemente ir donde y cuando quiera.

Elige el lugar

¿Quieres que tu Maltipoo se sienta seguro y protegido en el lugar designado que has elegido? Entonces asegúrate de que no sea demasiado ruidoso y que no haya mucho tránsito cerca, ya que podría asustarlo y es posible que no pueda hacer.

Una advertencia: Elige un lugar que no haya sido utilizado por otro perro. Todos los olores serán abrumadores para él, por eso, que sea un área que solo tu cachorro use, donde tendrá su propio olor.

Al elegir el lugar designado, es importante que esté cerca, pero trata de que no esté justo fuera de la puerta principal. Es muy probable que continúe usando este lugar incluso después de estar adiestrado, ya que el olor le indica que regrese allí.

Si vives en un edificio, salir rápido puede ser todo un desafío. Pero como ya se mencionó, los Maltipoo responden bien al adiestramiento con caja de arena. Deberás seguir las mismas sugerencias, pero el lugar designado será la caja de arena.

Preséntale el lugar designado

Lo primero que debes hacer cuando traes a tu Maltipoo a casa es presentarle su lugar designado. Probablemente esté cansado, emocionado y un poco estresado. Además, acaba de tener un viaje en coche. Lo más probable es que necesite hacer sus necesidades.

Ponlo cerca del lugar que elegiste. Trata de que camine solo hasta allí, ya que se sentirá más seguro. Déjalo revisar el área. Si está afuera, olerá la hierba y tal vez incluso juegue un poco. Si no va en los primeros cinco minutos, llévalo adentro y muéstrale la cama, el plato de agua y el plato de comida. Una vez que haya hecho esto, acércalo de nuevo, y esta vez, espera hasta que haga sus necesidades. Una vez que deje su olor, será mucho más fácil que vuelva por voluntad propia.

¿Cuándo debes llevarlo a su lugar designado?
- Cada vez que se despierte. (mañana, tarde o noche)
- Cada vez que termine de comer o de beber mucha agua.
- Después de jugar.
- Si lo escuchas lloriquear por la noche o en cualquier momento del día.
- Si está parado en la puerta mirando para salir.

Consejos útiles

- Los cachorros necesitan comer al menos tres veces al día: desayuno, almuerzo y cena. Trata de alimentarlo a la misma hora todos los días.
- También necesitará ir al baño aproximadamente diez veces al día, cuando se levanta y antes de acostarse, después de comer, beber y jugar.
- Llévalo a su lugar designado tantas veces como sea necesario. Después de que haya hecho sus necesidades, recompénsalo con juegos.

Horario del adiestramiento

Ten tus zapatos y tu ropa a mano, en caso de que necesites salir por la mañana.

MAÑANA	
6:00 - 6:30	Lleve a su cachorro de Maltipoo afuera
7:15 - 7:30	juego en interiores
7:30 - 8:00	Alimente a su cachorro en su espacio confinado (Permita de 15 a 20 minutos para la digestión)
8:00	Lleve a su cachorro de Maltipoo afuera
8:15	Coloque al cachorro en su área delimitada

TARDE	
12:00	Lleve a su cachorro de Maltipoo afuera
12:15 - 12:30	juego en interiores
12:30 - 13:00	Alimente a su cachorro en su espacio confinado (Permita de 15 a 20 minutos para la digestión)
13:00	Lleve a su cachorro de Maltipoo afuera
13:15	Coloque al cachorro en su área delimitada

NOCHE	
17:00 - 17:30	Lleve a su cachorro de Maltipoo afuera
18:15 - 18:30	juego en interiores
18:30 - 19:00	Alimente a su cachorro en su espacio confinado (Permita de 15 a 20 minutos para la digestión)
19:00 - 20:00	Lleve a su cachorro de Maltipoo afuera
20:00 - 21:00	juego en interiores

21:00	Coloque al cachorro en su área delimitada
22:30 - 23:00	Lleve a su cachorro de Maltipoo afuera
23:15	Regrese al cachorro a su área confinada para la hora de dormir

Esta es solo una guía básica para adiestrar a tu Maltipoo para hacer sus necesidades. Puedes adaptarla a tu propio horario. Los cachorros de menos de cuatro meses necesitarán comer cuatro veces al día, así que ten eso en cuenta al hacer un horario.

Recompensas en el adiestramiento

A los cachorros les encanta ser recompensados por su buen comportamiento. Los estudios han demostrado que su cerebro recibe un estímulo que los incita a repetir este comportamiento porque han recibido un beneficio. Por eso, el deseo de repetir el comportamiento se vuelve más fuerte. Después de un tiempo, simplemente se convierte en parte de su rutina y ya no es necesario recompensarlos.

Este es el objetivo del adiestramiento para hacer sus necesidades; quieres enseñarle a tu Maltipoo que ir al baño en su lugar designado es un buen comportamiento.

¿Cuándo y cómo debe recompensarlo?

La recompensa debe darse justo después de que haya hecho en el lugar designado. Asegúrate de tener siempre algunos premios en el bolsillo. Así asociará el hecho de ir al baño con un buen comportamiento.

Recompensas verbales: Una vez que haya terminado, ponte a su nivel, si es posible, y acarícialo, dile que es un buen perro y que hizo un buen trabajo. Recuerda ser entusiasta y positivo.

Puede ser difícil mostrar entusiasmo a las 2 a.m. bajo la lluvia torrencial, pero es solo por un tiempo, y lo más probable es que solo tengas que hacerlo dos o tres veces.

Recompensas comestibles: Dale un premio mientras le estás dando la recompensa verbal o el estímulo.

Recompensas físicas: Este es un momento maravilloso para comenzar a crear un vínculo con tu Maltipoo jugando con él afuera. Considerará que esto es parte de la recompensa por hacer las cosas bien.

Salir afuera o ir a la caja de arena será uno de los momentos destacados del día de tu cachorro, con todas las recompensas que recibirá. Lo más seguro es que quiera ir al lugar designado.

¿Cuándo no debes recompensarlo?

- Se quedó solo en casa y tuvo un accidente en su espacio de contención.
- Hizo sus necesidades mientras jugabas con él en casa.
- Escapó de su espacio de contención e hizo sus necesidades adentro.

Por supuesto, estas ocasiones no deben ser castigadas, ya que el cachorro no entenderá por qué estás molesto. Pero comprenderá que ir al baño solo trae recompensas cuando lo hace en el lugar designado. Nunca le des un premio por mal comportamiento, ya que esto solo lo confundirá y hará que el adiestramiento se complique para ambos.

Cuantas más veces sea recompensado, más rápido será el adiestramiento. Recuerda que la primera semana se considera la más importante para que aprenda, ya que le estás enseñando buenos hábitos que repetirá toda su vida.

Adiestrar con jaula o adiestrar con zona

Tanto el adiestramiento con jaula como el adiestramiento con zona requerirán delimitar la libertad de tu cachorro del resto de su casa, usando la puerta de la jaula (o una barrera para bebés). Cuando se adiestra con zona, el área de contención debe estar libre de muebles y objetos no relacionados con perros.

Puedes comprar un corral de ejercicio o un parque infantil, que se puede instalar en cualquier habitación de tu casa.

Coloca en la zona o en la jaula algo suave y acogedor para que duerma. También pon un plato de agua y varios de sus juguetes favoritos, como un Kong relleno de premios.

Cómo acostumbrar a tu Maltipoo a su nueva área de contención:

Paso 1 : Llévalo afuera para dar un paseo o para jugar. Esto lo cansará, por lo que entrará sin pensarlo en su área.

Paso 2 : Una vez que lo coloques allí, dale un Kong relleno o algunos premios. Esto lo mantendrá distraído mientras tú haces tus cosas.

Paso 3 : En 5 minutos, se terminará los premios, y ahí se dará cuenta de que lo has abandonado en esta área. Podría comenzar a lloriquear, pero solo ignóralo hasta que se detenga. Una vez que lo haga, puedes ir a mimarlo.

Paso 4 : Al día siguiente, trata de salir de casa por un rato, riega las plantas o revisa el correo. A medida que pasan los días, hazlo por períodos más largos (lo ideal sería una vez que tu cachorro ya haya hecho sus necesidades).

Repite los pasos 1, 2 y 3 cada día, aumentando gradualmente la cantidad de tiempo. Puedes comenzar con un minuto e ir aumentando hasta los veinte.

Dejalo en su área de contención durante la noche; cuando lo escuches ladrar, levántate y llévalo al baño.

Limpia el área de inmediato después de cualquier accidente, para evitar más accidentes.

Adiestramiento con jaula

Este tipo de adiestramiento le enseña a tu cachorro que la jaula es su guarida segura y que no debe usarse para hacer sus necesidades.

Básicamente implica dejar al cachorro en la jaula cuando no está jugando, comiendo o bebiendo. Tu Maltipoo entenderá que no podrá ir al baño allí y que es solo para dormir.

Una vez que hayas elegido la jaula ideal, necesitas encontrar una buena ubicación. Puede tener más de una; por ejemplo, en tu dormitorio por la noche y durante el día cerca de donde estarán las personas.

Algo importante es que no coloques la jaula bajo la luz solar directa, ya que le puede provocar un golpe de calor y otras complicaciones.

Al presentar la jaula a tu Maltipoo, déjalo entrar y explorarla solo. No lo obligues a entrar, ya que eso solo lo asustará.

Es posible que necesites sobornarlo para que entre al principio dándole premios y juguetes. Acarícialo mientras está en la jaula y elógialo.

Trate de alimentarlo mientras está dentro; una vez que parezca cómodo, deja la puerta cerrada por períodos cortos, mientras estás presente.

Si comienza a lloriquear o ladrar, no lo dejes salir ni le hables con dulzura. Sino le estarás enseñando que lloriquear es la señal para que lo liberes de la jaula.

Adiestramiento con zona

Este adiestramiento le enseña a tu Maltipoo que toda tu casa es su zona o área para dormir.

Los cachorros aprenden desde el nacimiento que necesitan mantener limpia su área para comer y dormir, porque su madre constantemente limpia después de ellos. Los perros, como la mayoría de los animales, son bastante inteligentes. Los perros, por instinto básico, son naturalmente limpios.

¿Qué es una zona para cachorros?

Es un área pequeña y cerrada que ayudará a que tu cachorro no haga sus necesidades en cualquier lado, evitando la propagación de enzimas que luego lo dirigen al mismo lugar.

Una zona típica para cachorros puede ser un pequeño corral para con un área cerrada que puede expandirse poco a poco. Es preferible colocarlo en un piso duro en lugar de alfombra, para una limpieza más fácil. Podría estar en el baño o la cocina.

Este es un espacio de confinamiento temporal, que se expande gradualmente, enseñándole que el nuevo espacio es para dormir y debe mantenerse limpio. Eventualmente se expandirá a toda la casa, cuando entienda que es inaceptable hacer sus necesidades adentro.

La zona para cachorros siempre debe tener un plato de agua fresca, un área para dormir y un plato de comida que usará de tres a cuatro veces al día, hasta que tenga su primer año. Además, debe tener algunos juguetes para jugar y evitar aburrirse.

Cuando lo pongas en el corral, hazlo por períodos cortos. Si comienza a llorar o lloriquear cuando te vas, no regreses rápidamente, esto solo le enseñará que es aceptable y que vendrás corriendo.

Muchas personas combinan la zona con el adiestramiento con jaula como el área para dormir. La puerta debe estar abierta, y que no pueda cerrarse y encerrar a tu cachorro dentro. Colocarla en la esquina de la zona le enseña al cachorro a no tenerle miedo, por lo que puede usarse en el futuro para viajar sin causarle estrés adicional.

Tu cachorro entenderá desde el primer día que este es su lugar seguro, y no querrá hacer sus necesidades allí.

¿Es cruel confinar a tu cachorro a un área pequeña?

Algunos podrían pensar que es cruel, pero considera el panorama completo. ¿Dejarías deambular libremente a un niño pequeño por tu casa sin supervisión? Por supuesto que no; hay muchas posibilidades de que se lastime o se meta en problemas. Lo mismo ocurre con tu Maltipoo.

Los primeros siete días son esenciales para adiestrar con éxito a tu cachorro y establecer buenos hábitos. ¿Por qué es beneficioso usar una zona?

- Este confinamiento es temporal y sirve para enseñarle a no ir al baño dentro de la casa. El confinamiento se expandirá un poco cada día, hasta que puedas confiar en él con toda la casa.

- Si le permites deambular libremente desde el primer día, orinaría donde sea, dejando su olor por toda la casa. Además, aprenderá malos hábitos que serán muy difíciles de romper más adelante.

- Si planeas dejarlo solo cuando sea más grande pero no te tomas el tiempo para adiestrarlo cuando es un cachorro, lo más probable es que termines encerrándolo en un espacio más pequeño, como el baño, durante horas, ya que no podrás confiar en él.

- Lamentablemente, cada año muchos perros son sacrificados porque no fueron adiestrados para hacer sus necesidades durante las primeras semanas.

Es muy recomendable configurar la jaula o la zona para cachorros antes de traerlo a casa. Esto le enseñará de inmediato que esta es su área especial para dormir, y su instinto básico es mantenerla limpia.

Ventajas y desventajas del adiestramiento con jaula y con zona

Ventajas del entrenamiento con jaula

1. Te dará tranquilidad cuando tengas que dejar a tu Maltipoo solo por períodos más largos, ya que sabes que no hará en cualquier lado.

2. Se considera uno de los métodos más efectivos, porque el cachorro se ve obligado a aprender a controlar sus funciones corporales rápidamente, ya que por instinto básico no querrá ensuciar su área para dormir.

3. Puede ayudar mucho cuando se adiestra a un perro mayor, como se explicará al final de este capítulo.

4. Si viajarás con frecuencia en avión o automóvil, será menos estresante ya que ya está acostumbrado a su jaula.

Desventajas del entrenamiento con jaula

1. Tu Maltipoo aprende que la jaula es su área para dormir, por lo que no orinará allí, pero cuando se le deja suelto sin supervisión, es posible que no entienda sus límites y es probable que tenga un accidente en tu casa.

2. Los perros pequeños, cuando son adiestrados con jaula, a menudo son más agresivos con los niños e invitados desconocidos.

3. Algunas personas consideran que es una forma de crueldad, ya que el animal está encerrado en un espacio pequeño del que no puede escapar. Piensan que, ya que no encerraría a un niño pequeño en una jaula y lo dejaría solo por un par de horas, tampoco deberían hacerlo con un perro.

4. No es adecuado para todos, especialmente perros que han pasado mucho tiempo en una jaula, ya que puede ponerlos muy agitados y molestos.

5. Algunos Maltipoos sufren de ansiedad por separación y pueden ponerse más molestos en una jaula de lo que estarían en un espacio más grande.

6. Algunos piensan que no es natural, ya que es un confinamiento que muchos usan para su propia conveniencia. Si decides usar una, limita la cantidad de tiempo que tu Maltipoo pasa en la jaula con la puerta cerrada.

Ventajas del entrenamiento con zona

1. Los perros pequeños que son adiestrados con zona son más amigables con los niños y extraños que los que fueron adiestrados con jaula.

2. Los Maltipoos que son adiestrados con zona tienen menos probabilidades de sufrir ansiedad por separación, ya que no se sienten claustrofóbicos en un espacio confinado estrecho.

3. Le enseña poco a poco que toda la casa es su zona, por lo que no hará sus necesidades cuando se quede solo o sin supervisión.

4. Es una forma muy humana de adiestrar, ya que tiene libertad para moverse y no está encerrado en una jaula pequeña.

5. Se considera una de las formas más efectivas. Le enseña al cachorro desde el primer día que no se le permite hacer sus necesidades dentro de la casa.

Desventajas del entrenamiento con zona

1. Cuando se deja sin supervisión, podría empujar la barrera y escapar.

2. Como el área de confinamiento es más grande que una jaula, podría haber uno o dos accidentes dentro del área. Esto se puede limpiar rápidamente para evitar futuros accidentes.

Consejos de limpieza

La clave para prevenir futuros accidentes es entender la importancia de limpiar adecuadamente.

Instinto básico

Desde el día en que nació tu Maltipoo, ha sido adiestrado para mantenerse a sí mismo y a su área limpios. Los cachorros Maltipoo recién nacidos hacen tres cosas básicas en su pequeña guarida o espacio: comer, dormir y hacer sus necesidades. Los instintos de su madre se activan, y ella está constantemente ordenando su pequeña guarida, para que no huela a orina o heces. Los cachorros se crían sabiendo que sus aposentos deben estar libres de desechos corporales. A medida que crecen, comienzan a alejarse de su área para dormir para ir al baño. Por eso quieres que vean toda tu casa como parte de su guarida.

Cuando lo llevas a casa por primera vez, no entiende dónde termina el dormitorio y comienza el área del baño. Los instintos básicos le dicen que no debe hacer un desastre donde duerme. Pero ¿cómo puede la limpieza contribuir al adiestramiento para hacer sus necesidades?

Enzimas

¿Has notado cómo los perros se sienten atraídos por un lugar donde otro perro fue al baño y luego proceden a hacer en ese mismo lugar?

Todos los perros tienen enzimas en la orina y las heces y perduran incluso después de limpiar. Si no se ha limpiado correctamente, el cachorro irá de nuevo en ese mismo lugar.

¿Cómo podemos eliminarlas?

La única manera es usar los productos de limpieza adecuados. Puedes encontrar productos especiales que eliminarán por completo las enzimas.

Debes evitar productos que contengan amoníaco, ya que hace que las enzimas huelan más fuerte, y eso llama más la atención de tu cachorro.

Si estás usando una caja de arena, no te apresures a cambiar la arena al principio. Queremos que el cachorro reconozca por el olor de sus enzimas que debe hacer sus necesidades allí.

Si le estás enseñando a ir afuera, llévalo siempre al mismo lugar para que pueda oler las enzimas que quedaron de la última vez. Después de una semana, irá allí por voluntad propia.

Si tienes otro perro, asegúrate de que cada uno tenga su propia caja o lugar afuera para ir al baño. De lo contrario, se distraerán con el olor que dejó el otro.

Foto cortesía de
Mary Papadopoulos

Cómo limpiar correctamente los desechos de tu cachorro

1. Recoge las heces o limpia la orina con una toalla de papel y ponla en una bolsa de basura.

2. Rocía un producto de limpieza especial. Las enzimas pueden extenderse hasta 30 centímetros, así que se generoso.

3. Si tu cachorro pisó los desechos, limpia sus patas con agua. No uses productos químicos, ya que podrían enfermarlo. Usa un trapo limpio y el producto de limpieza para donde sea que haya pisado.

4. Si es posible, usa toallas de papel o un trapo nuevo para cada lugar, ya que eso evitará la propagación de enzimas por toda la casa.

5. Se rápido al limpiar, en especial sobre alfombras, ya que se podría absorber rápidamente.

Qué hacer y qué no hacer en el adiestramiento para hacer sus necesidades

Cuando les digas a tus amigos y familiares que traerás a casa un nuevo cachorro, no te sorprendas si todos de repente son expertos en adiestramiento. Pero no debes tomar todos los consejos que te dan.

Tu Maltipoo es solo un bebé y está aprendiendo a controlar sus intestinos. Por eso, no debes enojarte o tratarlo mal cuando tiene un accidente.

El peor consejo que muchas personas dan es frotar la nariz del perro en el accidente. Esto no le enseñará nada, excepto a tenerle miedo y pensar que estás loco.

Los perros Maltipoo son muy sensibles y no responden bien a los gritos o a que les arrojen cosas. Causará ansiedad y estrés, e incluso pueden hacerse encima, pero por miedo y no por necesidad.

Si está tardando mucho tiempo afuera para encontrar un lugar para hacer sus necesidades, no te molestes con él. El cachorro no entenderá y puede hacer que no vaya al baño, aunque tenga ganas. Luego, cuando entre a la casa, como no fue afuera, irá adentro.

Atrapado en el acto

¿Qué pasa si justo ves a tu cachorro haciendo sus necesidades dentro de la casa?

La mayoría de los accidentes que ocurren dentro de la casa son culpa del dueño por no sacarlo afuera o a la caja de arena a tiempo y simplemente no pudo contenerse más.

Hay algunas señales de advertencia que pueden alertarte para que lo lleves a su lugar designado, y así prevenir que ocurran accidentes. Aquí hay una lista:

1. A todos los perros y cachorros les encanta oler y dar vueltas alrededor del área antes de ir al baño. Entonces, si lo ves oler intensamente un área determinada y comienza a dar vueltas en círculos, es hora de llevarlo a su lugar designado.

2. Si comienza a ponerse en cuclillas, esa es una señal segura de que está a punto de hacer. Recógelo y sostenlo para que su vientre esté contra el tuyo. Eso debería evitar que orine y puedes llevarlo a su lugar designado. Si ya orinó dentro de la casa, fue tu culpa por no prestar atención.

3. Si comienza a ladrar o lloriquear mientras mira en la dirección de su lugar designado, probablemente está tratando de decirte que necesita ir ahora. Préstale mucha atención.

No te enoje ni le grites; los Maltipoos son extremadamente sensibles y esto les causará estrés físico.

Si se hizo pis encima, recógelo y dile un firme "no". Llévalo a su lugar o a su caja de arena, sosteniendo su cola hacia abajo entre sus patas para evitar que orine. Déjalo terminar afuera o en la caja, y luego elógialo por ser un buen perro.

Es más fácil detener a tu Maltipoo de orinar que de defecar. Si notas que está a punto de orinar dentro de la casa, trata de distraerlo. El objetivo es sobresaltarlo, pero sin asustarlo. Puedes apretar un juguete que haga ruido, esto lo sobresaltará, y su curiosidad hará que deje de orinar. Esto le dará tiempo para recogerlo y llevarlo a su lugar designado.

Si lo ves justo cuando está haciendo lo segundo, lo mejor es dejarlo terminar. Luego llévalo afuera y limpia lo que haya hecho dentro de la casa. Al limpiar, no hagas un gran escándalo. Tu Maltipoo seguro ya se siente mal por lo que hizo; recuerda, es solo un bebé.

Los accidentes ocurren

La regla de oro con el adiestramiento para hacer sus necesidades es: si no lo atrapaste en el acto, no lo castigues. Sólo límpialo.

Cuando hace en el lugar designado, recompénsalo con atención y elogios. Tómate el tiempo para jugar y decirle lo orgulloso que estás de él por ser un buen perro.

Quieres que asocie ser recompensado con un buen comportamiento, como ir al baño en su lugar designado. Aquí hay una lista de casos en los que no debes recompensarlo:

- Estaba solo en casa y tuvo un accidente en su zona para cachorros o jaula.
- Fue atrapado en el acto, pero lo viste a tiempo y lo llevaste a su área designada.
- Escapó de su jaula o zona para cachorros e hizo sus necesidades en la casa.

Tu Maltipoo es muy inteligente y entenderá que las recompensas solo vienen cuando va al baño en su lugar designado y no en la alfombra.

Nunca dejes que deambule por la casa sin supervisión hasta que esté completamente adiestrado.

Planea estar en casa tanto como sea posible durante la primera semana: cuanto más tiempo esté solo, mayor será la posibilidad de que tenga un accidente y propague sus enzimas por la casa. Esto hará que el adiestramiento sea aún más difícil, ya que el olor de la enzima envía un mensaje a su cerebro diciendo: "Orina aquí".

Nunca des recompensas por mal comportamiento; eso solo lo confundirá y fomentará el mal comportamiento.

Orinar espontáneamente

Los Maltipoo tienen tendencia a perder el control de sus vejigas cuando se emocionan demasiado. Podría suceder mientras están jugando o saludándolo o conociendo a alguien nuevo. No lo castigues por orinar espontáneamente, es algo que no pueden controlar y lo más probable es que ni siquiera se den cuenta de que lo hicieron. A medida que envejecen, esto dejará de suceder.

Adiestrar a tu Maltipoo para que use una caja de arena

Las cajas de arena parecen ir de la mano con los gatos; pero existe arena especialmente diseñada para perros.

¿Por qué deberías considerar adiestrar a tu Maltipoo para usar una caja de arena?

1. Muchos viven en edificios o condominios que tienen poco o ningún acceso a un área verde para que su Maltipoo haga sus necesidades.

Es más práctico tener una caja de arena en la casa para un acceso rápido y fácil, y eso hará que el adiestramiento sea muy sencillo.

2. Los cachorros Maltipoo tienen vejigas pequeñas. Tener una caja en la casa les da la libertad de ir cuando quieran y evita accidentes. Además, puedes llevarlo de viaje a donde sea y no tendrás problema.

3. Si su Maltipoo está entrenado para usar una caja de arena, podrá llevarlo a cualquier lugar mientras haya una caja disponible. No tendrá que preocuparse por encontrarse con sorpresas desagradables en la alfombra de su anfitrión.

4. Su Maltipoo puede usar la caja de arena cuando está solo en casa. Aun así, hará sus necesidades durante los paseos al aire libre, así que asegúrese de llevar consigo su recogedor de excrementos.

¿Cómo puedes adiestrarlo?

1. En el área de confinamiento, coloca periódico en el suelo, si es posible con una pequeña bandeja de plástico debajo para evitar fugas.

2. Pon al cachorro en el lugar y dile "Ve al baño". Lo más probable es que no vaya, pero repite el proceso para enseñarle que este lugar es algo positivo.

3. Es posible que necesites empapar el periódico con su orina, ya que el olor lo atraerá.

4. Obsérvalo bien y cuando veas que está a punto de ir al baño, rápidamente recójalo y colóquelo en el periódico. De nuevo dile que "Vaya al baño". Una vez que lo haya hecho, seguro vaya allí de nuevo. Elógialo cada vez que lo haga bien.

5. Una vez que haya ido tres o cuatro veces en el periódico, pon un poco de arena para perros encima. Continuará usando esta área para su baño, por sus enzimas. Repita el paso 2.

6. Una vez que esté acostumbrado a la arena y a ir al baño en el periódico, puedes sacar la caja de arena que planeas usar. Coloca el periódico sucio en el fondo de la caja y la arena encima. El olor y el material le harán saber a tu Maltipoo que es correcto ir al baño aquí. Repita el paso 2.

7. Luego, puedes mover la caja aproximadamente 30 centímetros cada día, hacia el área donde estrá ubicada en el futuro. Asegúrate de que la caja tenga periódicos alrededor, ya que pueden ocurrir accidentes en el camino a la caja. Se rápido en limpiar después de ellos. Repita el paso 2.

8. Una vez que la caja esté en el lugar deseado, tu Maltipoo estará adiestrado para hacer sus necesidades y entenderá que la única área designada para ir es en su caja de arena.

Sugerencias:

- Siempre elige la rena para perros, ya que los cachorros intentarán comer la que es para gatos. Se parece al relleno o pellets para conejos, que se convertirán en aserrín cuando estén mojados y es biodegradable.

- Una vez que decidas la marca, no la cambies así no confundes a tu cachorro. Si decide cambiarla, comienza mezclando gradualmente.

- La caja de arena no reemplaza que haga afuera; es un respaldo para cuando no pueda llevar a tu Maltipoo afuera. Debes reservar tiempo para sacarlo a pasear todos los días.

- Es más fácil adiestrarlo cuando todavía es joven. Es posible con perros mayores, pero será más desafiante.

- Trata de colocar la caja cerca de la puerta exterior, para que asocie esa área con ir al baño. Las baldosas son más fáciles de limpiar, pero si solo hay áreas alfombradas disponibles, coloca plástico o periódico debajo de la caja de arena.

Compra una caja para perros pequeños, dependiendo del tamaño de tu Maltipoo cuando esté desarrollado, una caja para gatos podría ser suficiente. Si tienes un Maltipoo macho, podría ser útil que tenga un lado más alto, en caso de que levante la pata al orinar. Asegúrate de que su entrada esté al ras del suelo, permitiendo un fácil acceso.

Al igual que cuando lo adiestras para hacer sus necesidades al aire libre, debes llevarlo a la caja de arena tan pronto como se despierte y antes de acostarse, después de comer o de beber, y a cada rato durante el día.

Observa cualquier señal de que necesita ir al baño, como dar vueltas, ponerse en cuclillas u oler intensamente un área determinada. Cuando notes este tipo de actividad, recógelo, llévalo a su caja y di su comando para ir al baño.

Cada vez que vaya a la caja, elógialo con entusiasmo por hacer en el lugar correcto. Tu Maltipoo estará feliz de complacerte.

A diferencia de los gatos que van a la caja por instinto, adiestrar a tu cachorro requerirá mucha dedicación y energía, pero es posible. Solo depende del esfuerzo que le pongas.

Y recuerda, ocurrirán accidentes, así que estate preparado para limpiar y ser paciente con tu bebé Maltipoo.

Adiestrar a un perro mayor para hacer sus necesidades

Muchos perros de rescate no han sido adiestrados, otros podrían necesitar un refuerzo, ya que no recibieron paseos regulares en el refugio.

La buena noticia es que puedes enseñarle nuevos trucos a un perro viejo y pueden ser adiestrados para hacer sus necesidades.

La clave es comenzar desde el minuto en que traes a tu perro a casa. Se recomienda hacerlo con jaula durante la primera semana, luego cambiar gradualmente al adiestramiento con zona, usando la jaula en la zona, pero sin cerrar la puerta.

Paso 1

Tómate la primera semana libre del trabajo. Alguien tendrá que llevarlo a pasear o al lugar designado. La persona indicada para esto eres tú, para que tu perro comience a vincularse contigo.

Paso 2

Usa la jaula desde el primer día. Es una buena solución, ya que no le gustará ensuciar sus áreas para dormir y comer.

Asegúrate de que sea lo suficientemente grande para que pueda pararse y darse la vuelta. Pero no tan grande como para que vaya al baño en una esquina.

Mantenla en una parte de la casa con mucho tránsito, para que no se sienta aislado y solo.

Asegúrate de que solo se use cuando sea necesario; dale a tu nuevo perro mucho tiempo de juego, ejercicio y adiestramiento de obediencia fuera de la jaula.

Si crees que usar una jaula es cruel, piensa que no tendrás que hacerlo durante mucho tiempo. Tres o cuatro días es probablemente todo lo que tomará antes de que esté adiestrado para hacer sus necesidades.

Paso 3

Dale a tu Maltipoo adulto al menos seis a ocho descansos para ir al baño al día.

Necesitará ir al baño cuando se despierte y antes de acostarse, y también después de las comidas, de beber agua o de jugar. Una vez que esté adiestrado, es posible que solo necesite ir cuatro o cinco veces al día.

Paso 4

Elógialo mucho y recompénsalo justo después de que haga en el área designada. Esto hará que repita el comportamiento para ser recompensado nuevamente, y después de un tiempo se convertirá en una rutina.

Después de que vaya al baño, dale un tiempo de juego como recompensa. Si solo lo llevas afuera para que haga sus necesidades, se demorará mucho más solo para prolongar el tiempo afuera contigo.

Paso 5

Nunca lo castigues por un accidente que no lo viste hacer. Si lo atrapas en el acto, sorpréndelo con una palmada, luego llévalo rápidamente a su lugar designado para que pueda terminar.

Limpia a fondo para que no regrese al mismo lugar. Deja las toallas sucias cerca de su lugar designado; el olor lo animará a hacer allí. Y Recuerda, no utilices limpiadores a base de amoníaco, ya que hará que quiera volver a orinar en el mismo lugar.

El adiestramiento con jaula es muy efectivo y puede ser temporal. Recuerda recompensar generosamente a tu perro cada vez que vaya al baño en su lugar designado. Castigarlo por accidentes puede hacer todo el proceso más tedioso y largo.

Resumen

Adiestrar a tu Maltipoo para hacer sus necesidades requerirá paciencia y mucho amor, pero es muy fácil de hacer si sigues las sugerencias de este capítulo. Por lo general, tomará menos de una semana, pero podrá ocurrir algún que otro accidente mientras aprende a controlar sus funciones corporales.

Como dice el viejo refrán, "no llores sobre la leche derramada". No hagas un gran problema por algo que ya sucedió, lo hecho, hecho está.

Lo mismo ocurre con los accidentes de tu Maltipoo. Sucedió, así que lidia con ello. Lo más probable es que fuera tu culpa porque no estabas atento a las señales de tu perro. Lo único que puedes hacer es limpiar a fondo y seguir como si nada hubiera ocurrido.

El adiestramiento para hacer sus necesidades es un proceso que tomará una semana de tu tiempo. Necesitas tener la actitud correcta, siendo paciente, tranquilo y constante.

El adiestramiento significa hacer que el horario de tu cachorro se adapte al tuyo, lo cual es muy fácil ya que los cachorros van al baño como un reloj, cuando se despiertan, antes de acostarse y después de comer.

Debes elegir un lugar designado donde quieres que haga sus necesidades, al que pueda llegar rápidamente y que no haya sido utilizado por otro perro.

Este proceso solo tomará unos pocos días, pero el resultado será un cachorro obediente que puedes dejar libre por tu casa sin preocupaciones. Aplica las sugerencias que te damos aquí y tendrás al perro más educado del vecindario.

CAPÍTULO CINCO
Adiestramiento de obediencia

Los perros Maltipoo son uno de los más fáciles de adiestrar debido a su inteligencia, buen temperamento y deseo de complacer a sus dueños. Pero lamentablemente, la mayoría de los cachorros se convierten en pequeños malcriados. ¿Por qué sucede esto?

Cómo adiestrar a tu Maltipoo

El problema no radica en su buen temperamento sino en sus dueños. No dedicaron el tiempo necesario para adiestrarlo correctamente. Al igual que con los niños, si los padres no se toman el tiempo para corregir el mal comportamiento, pronto se convertirá en hábitos y finalmente formará parte de su personalidad. Estos rasgos se arraigan y resultan casi imposibles de corregir más adelante. Lo mismo ocurre con tu cachorro Maltipoo. Puedes moldearlo mediante el adiestramiento de obediencia de manera positiva o negativa; todo depende del esfuerzo que pongas.

Los niños malcriados y consentidos son un reflejo de sus padres. Normalmente cuando vemos a un niño desobediente haciendo una rabieta, inmediatamente pensamos que la madre tiene la culpa y podríamos preguntarnos: "¿Por qué no le enseña a su hijo a comportarse mejor?". La misma regla general se aplica a tu perro Maltipoo: cómo se comporta depende de un factor: ¡TÚ!

Una de las razones por las que los dueños de Maltipoo no lo adiestran adecuadamente es por su tamaño. Se ven tan inocentes y adorables que se les parte el corazón al disciplinarlos. Pero ese adorable cachorro puede convertirse en un irritante malcriado en muy poco tiempo.

Además, debido a su tamaño, sus dueños no sienten la necesidad de adiestrarlos, ya que no representan una amenaza en comparación con un perro más grande. Pero recuerda, sin importar el tamaño (diminuto, pequeño o grande) todos pueden dar una mordida peligrosa que podría requerir puntos de sutura. Cualquier perro, sin importar su tamaño, puede escaparse hacia el tráfico o entre una multitud.

Debes comprender que desde el primer día que traes a tu Maltipoo a casa, pasarás los próximos meses adiestrándolo. Esto incluirá el entrenamiento para hacer sus necesidades, adiestramiento de obediencia, adiestramiento con correa, cómo interactuar con otras personas y otros

Foto cortesía de
Karin Dixon

perros, y mucho más. Te permitirá crear un vínculo y desarrollar una relación afectuosa con él, y estarás garantizando su seguridad y la de quienes lo rodean.

Cuatro comandos básicos para enseñarle a tu Maltipoo

Estos son algunos comandos básicos que necesitarás enseñarle, ya que ayudará a prevenir problemas de comportamiento más adelante. Todos estos comandos se los puedes enseñar tú, la clave es tener la actitud correcta, haciendo que sea un momento divertido y de vinculación para ambos.

Siéntate

Este es uno de los más fáciles e importantes.
1. Muéstrale una golosina y sostenla frente a su nariz.
2. Lentamente, mueve tu mano hacia arriba sobre su cabeza. Seguirá la golosina con su cabeza y se sentará.
3. Una vez que esté sentado, di la palabra clave "siéntate", luego dale la golosina y elógialo.
4. Repite los pasos 1 a 3 varias veces al día, hasta que tu Maltipoo lo haya dominado. Luego comienza a pedirle que se siente antes de salir a caminar, a la hora de comer y en cualquier otra situación. Asegúrate de siempre elogiarlo por hacer lo que se le pide.

Ven

Este es otro comando común que utilizarás con frecuencia para llamarlo, para evitar que se aleje demasiado o para evitar accidentes. Ponle la correa y el collar.
5. Pónte a su nivel y dile "ven". Al mismo tiempo, tira suavemente de la correa para atraerlo hacia ti.
6. Cuando lo haga, dale una golosina y elógialo.
7. Repita los pasos 1 a 3 hasta que haya dominado el comando. Luego practica sin la correa; por supuesto, siempre en un área segura y cerrada donde tu Maltipoo no pueda escapar.

Échate

Este es uno de los más difíciles, pero será maravilloso si ambos lo dominan, ya que te ahorrará muchos disgustos. Se considera difícil porque el perro por instinto natural lo considera un acto de sumisión, pero trata de mantener una actitud relajada.
1. Elige su golosina favorita y sostenla dentro de tu puño. Asegúrate de que tenga un olor fuerte.

2. Sostén tu puño cerca de la nariz de tu Maltipoo para que pueda oler la golosina. Luego mueve tu mano hacia el suelo. Su cabeza la seguirá.

3. Una vez que su cabeza esté cerca del suelo, desliza tu mano a lo largo del suelo frente a él. Esto lo animará a estar en una posición semi-sentada o acostada, con las cuatro patas en el suelo.

4. Una vez que esté en esa posición, dile "échate", dale la golosina y elógialo.

5. Repite los pasos 1 a 4 hasta que lo haya dominado, todos los días. Si tu cachorro intenta saltar hacia adelante o sentarse, dile "No" y retira la mano. Nunca lo empujes a la posición; eso es refuerzo negativo. Anímalo hasta que lo logre.

Quieto

Este es un excelente comando, pero no se lo enseñes hasta que haya dominado el comando "siéntate". Este ejercicio le dará autocontrol, y es un desafío para los Maltipoo enérgicos, pero recuerda tener paciencia.

1. Dile que se "Siente".

2. Abre la mano para hacer una señal de alto con la palma y di "quieto".

3. Da unos pasos hacia atrás. Si se queda en el mismo lugar, recompénsalo con una golosina y muchos elogios.

4. Cada vez que hagas los pasos 1 a 3, aumenta gradualmente la distancia antes de darle la golosina.

5. Siempre dale una golosina por quedarse quieto, incluso si solo lo hizo por unos segundos.

Hay muchos otros comandos que puedes enseñarle a tu Maltipoo. Dado que son súper inteligentes, verás que adiestrarlo es una tarea bastante fácil.

¿Deberías llevar a tu Maltipoo a clases de obediencia?

"Comience el adiestramiento de inmediato. Debido a su tamaño y personalidad, muchas familias no le proporcionarán un entorno estructurado durante los primeros meses (con ejercicio, disciplina y luego afecto). Es mucho más fácil adiestrar a un cachorro joven que tratar de romper los malos hábitos de un perro adulto".

Rebecca Posten
riversidepuppies.biz

Las clases de obediencia son muy recomendables si has adoptado un Maltipoo de rescate o uno mayor, ya que serán un poco más tercos al aprender nuevas tareas. Los cachorros son como niños, descoordinados y distraídos, pero con un poco de orientación pueden aprender comportamientos positivos.

Muchos sugieren asistir a la escuela de obediencia cada dos o tres años para reforzar el buen comportamiento.

El propósito de la escuela de obediencia es enseñarte a adiestrar a tu perro. No habrá una transformación milagrosa. La práctica es la clave para tener un perro bien educado y adiestrado. Aprenderá de la repetición día a día en tu casa. Si no te tomas el tiempo para practicar cada día, la triste realidad es que no tendrás un perro bien adiestrado.

La escuela de obediencia solo reforzará el adiestramiento positivo que ya está recibiendo en casa y le enseñará a hacerlo de manera eficaz.

Aquí hay algunas sugerencias antes de llevarlo a clases de obediencia.

- Asegúrate de que sus vacunas estén al día y que no tenga otros problemas potenciales de salud. No lo querrás exponer a enfermedades ni poner en riesgo a otros perros.

- Por lo general, no se aceptarán perros menores de seis meses. Si deseas inscribirlo antes, puedes llevarlo a clases de socialización para cachorros, en donde le enseñarán a socializar con otros perros, así como algunos comandos básicos.

- Fíjate que los instructores no utilicen métodos crueles como golpear, asustar, gritar o usar descargas eléctricas por mal comportamiento, sino que recompensen el buen comportamiento.

- Pregunta dónde se certificó el adiestrador y si cumple con los requisitos de la Asociación Internacional de Profesionales Caninos (IACP) o del Consejo de Certificación para Adiestradores de Perros Domésticos (CCPDT) y ha completado una cantidad significativa de horas adiestrando perros.

- Asiste a una clase antes de inscribir a tu cachorro. De esta manera, puedes observar cómo el adiestrador trata a los perros y a sus dueños.

Enseña con amor, no con miedo

Muchos de nosotros crecimos con perros y observamos a nuestros padres adiestrar al perro de la casa, y no justamente con cariño. Muchos estudios han demostrado que la mejor manera de adiestrar a un perro es mediante el uso del refuerzo positivo.

¿Cómo puedes utilizar el refuerzo positivo en el adiestramiento de tu Maltipoo?

Foto cortesía de
Randi Scanlon

Los perros viven en el presente, por lo que el mejor momento para elogiar y recompensar el buen comportamiento es justo cuando hacen lo que esperábamos de él. Las recompensas pueden ser elogios o una golosina, cada vez que hace algo bien.

- **Elogie y recompense a su Maltipoo inmediatamente después de que realice el comportamiento deseado.**

Las sesiones de adiestramiento deben ser cortas y divertidas. Tu Maltipoo es muy inteligente, pero es un cachorro y tiene poca capacidad de atención. El objetivo de cada sesión debe ser terminar la clase con una nota positiva, que lo dejen con ganas de más.

- **Haga que todas las sesiones de adiestramiento sean breves y agradables.**

Las golosinas son algo especial, emocionante y ocasional. Al principio, necesitarás usar bastantes para motivar a tu perro. Pero después de que domine las nuevas tareas, deben comenzar a eliminarse gradualmente y reemplazarse con más afecto y elogios. Los Maltipoo son perros de compañía y buscan complacer a sus dueños; complacerlo será su recompensa.

- **Reduzca gradualmente las golosinas y recompensas a medida que su Maltipoo comience a dominar nuevas tareas y reemplácelas con elogios y afecto.**

Evita que las sesiones sean muy complicadas usando palabras largas, como "Quédate aquí", solo di "Quieto". Los perros responden mejor a palabras de una sílaba y podrán recordarlas con más facilidad. Se específico y simple, sino solo lo estresará y harás que le desagrade el tiempo de adiestramiento.

- **No complique demasiado las sesiones de adiestramiento.**

Se constante al adiestrar a tu Maltipoo, ya que les encanta tener una rutina. Si hoy le dices que no se siente en el sofá, pero mañana se lo permites, solo lo confundirá y no entenderá que quieres que haga.

También es importante que todos en casa estén de acuerdo sobre cómo adiestrarlo, de lo contrario, se volverá loco tratando de averiguar qué está permitido y qué no.

- **Sea constante en el adiestramiento de su Maltipoo.**

No lo malcríes: debes corregir el mal comportamiento. Cuando tu Maltipoo hace algo inapropiado, no dejes que continúe; dile "No" y redirige su atención hacia algo más productivo.

- **No permita que su Maltipoo se salga con la suya con un mal comportamiento.**

Usa palabras en vez de castigo físico

Los estudios han demostrado que la corrección física o el castigo son inaceptables e ineficaces en el adiestramiento de cualquier animal. ¿Por qué?

Imagina tratar de hacer algo mientras te gritan, recibes dolorosas descargas eléctricas, o te golpean. ¿Serías capaz de aprender algo nuevo? ¡Por supuesto que no! Estarías asustado, nervioso y muy estresado.

Así es exactamente cómo se sentiría tu Maltipoo si lo castigas; no tiene idea de por qué estás enojado o qué hizo mal. Ponte es su lugar; ¿cómo te gustaría que te traten?

El miedo inhibe el aprendizaje, la atención y la confianza.

Nunca, jamás utilices el castigo físico para corregir el mal comportamiento de tu perro.

¿Por qué ladra tu Maltipoo?

Tanto el Maltés como el Caniche son conocidos por ladrar, por lo que es obvio que tu Maltipoo habrá heredado el mismo amor por ladrar de sus padres.

En muchos casos es un hábito que aparece más adelante en la vida. Tu Maltipoo podría ser muy tranquilo como cachorro e incluso como adulto joven, pero cuando tiene alrededor de dos o tres años es cuando comienza a ladrar.

Cuando comienza a ladrar, es importante determinar la razón detrás de ello, si no, no podrás evitar que ladre.

¿Cuáles serían las razones?

- **Miedo:** Tal vez hubo un ruido o algo fuera de lugar y está asustado. Normalmente, este será un ladrido bastante fuerte y puede suceder en cualquier lugar, no solo en tu casa.
- **Aburrimiento:** Los perros Maltipoo son muy sociables y aman la compañía humana. Cuando se les deja solos o se les ignora durante largos períodos, rápidamente se sienten solos y aburridos. Ladrar es una de las formas menos destructivas en que liberan su frustración por estar solos. Este tipo de ladrido puede ser muy intenso y apasionado y seguro que sus vecinos se quejen.
- **Peligro de extraños:** Los cachorros Maltipoo se vuelven muy territoriales a medida que envejecen, por lo que cuando alguien nuevo

se les acerca, a usted o a tu casa, comenzarán a ladrar. Será bastante agresivo y protector.

- **Buscando atención:** Ladrar es la forma en que se comunica contigo. Ladrará para decirle que quiere salir, comer, jugar o recibir una golosina. Por lo general, necesitarás usar discernimiento con este tipo de ladrido, para entender que quiere hacer, como mirar a la puerta para salir.

¿Cómo puedes enseñarle a no ladrar?

Todos los perros ladran, pero a todos se les puede enseñar a ser más silenciosos. ¿Cómo puedes enseñarle a no ladrar?

- **Aburrimiento:** Como se mencionó antes, esta es una de las principales razones por las que su Maltipoo podría estar ladrando. Los perros Maltipoo están criados para ser compañeros, por lo que necesitan estar cerca de las personas. No son tan independientes como algunas otras razas, son conocidos por crear vínculos con sus dueños y les gusta la atención.

Si está ladrando porque se lo deja solo con frecuencia, está pidiendo a gritos que regreses a casa. ¿Cómo puedes abordar este problema?

El problema es tu horario, cámbialo para estar en casa con más frecuencia o llévalo contigo al trabajo. O sino que un vecino pase a verlo de vez en cuando, para que no se sienta tan solo y deprimido.

Recordatorios de lo que no debes hacer:

Imaginemos que tu Maltipoo comienza a ladrar. La forma en que reacciones hará que ladre más o menos.

Gritarle para que deje de hacerlo solo lo emociona aún más porque pensará que te estás uniendo y solo ladrará más. Nunca le grites, solo háblale con calma y firmeza para decirle que se calle.

Cuando comienza a ladrar, se paciente e ignóralo. Espere hasta que deje de hacerlo, luego dile que se calle o que guarde silencio. Espera a que esté callado durante veinte a treinta segundos y dale una golosina o elógialo. Cuando lo recompensas por estar callado, lentamente comenzará a entender que no ladrar es algo positivo.

También puedes intentar distraerlo, llámalo y pídele que haga algo por ti, como un truco. Si interrumpes el ladrido, es menos probable que desarrolle el hábito.

Si notas que ladra cuando hay desconocidos, debes ayudarlo a sentirse más cómodo con las personas que se acercan. ¿Cómo puedes hacer eso?

Socializa a tu Maltipoo tanto como sea posible con otras personas. Invita a amigos y familiares y preséntalos. Asegúrate de que se sienta tranquilo y seguro durante todo el proceso. Si comienza a ladrar a una persona, cálmalo y muéstrale que no tiene por qué temer.

Collares anti-ladridos: La Sociedad Americana para la Prevención de la Crueldad Animal afirma lo siguiente: "Los collares anti ladridos son crueles y no son efectivos". ¿Qué es un collar anti ladridos? Es un collar que tiene un dispositivo sensible al ruido. Cuando se activa por el ladrido, envía una pequeña descarga eléctrica (otros rocían un aerosol cítrico). Esto enseña a los perros a no ladrar sin importar por qué están ladrando y puede hacer que los más pequeños se vuelvan temerosos y ansiosos.

Recuerda estas cuatro sugerencias:
1. No reacciones
2. No grites
3. Distrae a tu perro
4. Socialízalo tanto como sea posible con otras personas

¿Cómo interpretar los ladridos de tu Maltipoo?

Aunque no hables el lenguaje canino y tu Maltipoo no hable español, puedes interpretar sus deseos e intenciones, si sabes qué escuchar en su ladrido. Hay tres características que pueden ayudarte a distinguir su motivo: el tono, la duración y la frecuencia.

- **Tono bajo:** Un sonido de tono más bajo como un gruñido indica que hay una amenaza cerca o que está molesto y enojado. Básicamente, está diciendo "Aléjate de mí o si no te atacaré".

- **Tono alto:** Un sonido de tono más alto, como un ladrido agudo, un gemido o un quejido significa lo opuesto; se le permite acercarse y es seguro aproximarse. Es un ladrido de "bienvenida".

- **Duración:** Si continúa gruñendo (tono bajo), eso significa que no quiere que te acerques. La duración del sonido significa que mantiene su posición y no va a retroceder. Si es en ráfagas cortas, significa que está preocupado y temeroso, pero no está seguro si puede mantener su posición o si es necesario.

- **Frecuencia:** Habrá ladridos o gemidos que se repiten una y otra vez. Cuanto más juntos estén los sonidos, más emoción desea expresar tu Maltipoo. Si solo da un ladrido ocasional, solo es porque está interesado en algo.

Por lo general, cuando tu Maltipoo se siente amenazado o en peligro, el ladrido se combinará con gruñidos de tono bajo. A continuación, puedes ver la interpretación común para la mayoría de los ladridos:

- **Dos a cuatro ladridos seguidos:** Esta es una de las formas más comunes de ladrido, que se remonta a las raíces de lobo de todos los perros. Significa "Llamar a la manada". Este ladrido te está diciendo a ti, el líder de la manada, que algo interesante está sucediendo y quiere que vengas a ver.
- **Ladridos lentos en tono bajo pero casi sin parar:** Tu Maltipoo siente un peligro inminente. Significa "Hay peligro cerca, prepárate para defenderte".
- **Uno o dos ladridos agudos y de tono alto:** Este es un ladrido típico de saludo, y una vez que tu perro se da cuenta de que el extraño es amigable, lo recibirá con este ladrido. Básicamente significa "¡Hola!".
- **Una serie de ladridos con pausa entre ellos:** Este es un ladrido triste, que significa que se siente muy solo y aburrido. Es la forma en que te pide mimos y compañía.
- **'Harrruff' o ladrido entrecortado:** Por lo general, se combina con lenguaje corporal juguetón: las patas delanteras estarán planas en el suelo y su parte trasera en alto. ¡Está listo para jugar!

Como ya se mencionó, tu Maltipoo podría ser muy tranquilo hasta sus dos o tres años, y luego comience a ladrar incesantemente. Ladrar es un comportamiento aprendido, por eso es importante entrenarlo para que no lo haga durante toda su vida. ¡No permitas que ladre sin control!

La paciencia es clave

"Los Maltipoo son muy sensibles y no manejan bien los gritos ni la violencia, pero responden de maravilla a los elogios y al amor. También son aprendices muy rápidos".

Terry Schulte
valleypuppypaws.com

Adiestrar en obediencia a tu Maltipoo puede ser una experiencia tediosa y frustrante. Pero la clave para hacerlo bien es tener paciencia. Es necesario que sepas que le estarás enseñando un conjunto de comandos nuevos para él: hacer sus necesidades y una variedad de habilidades.

Imagina que estás aprendiendo a hacer diez cosas a la vez y tu maestro no habla tu mismo idioma. ¿Cómo te sentirías? ¿Qué te gustará que te mostrara? La mayoría diríamos paciencia y comprensión. Esta es la misma situación que enfrenta tu cachorro. Quiere hacer lo correcto, pero no siempre entiende, así que se paciente.

Para eso, necesitas conocer sus límites. De esta manera no le exigirás algo que no puede dar. Ten en cuenta la edad: los más jóvenes no tienen tanta capacidad de atención y se distraen con facilidad, por lo que sería prudente mantener las sesiones cortas y agradables. En cambio, los perros adultos podrían ser capaces de aprender tareas más complejas, y los mayores podrían tardar más, pero con repetición se puede lograr.

Los Maltipoo están ansiosos por complacerte, sin importar su edad, pero cuando son cachorros tienden a emocionarse demasiado y piensan que todo es motivo de juego. No lo castigues: recuerda que es pequeño y es posible que necesite sesiones más cortas a lo largo del día, hasta que su concentración mejore.

Los perros que tienen un pasado de maltrato, abuso o castigo físico pueden ser más difíciles de adiestrar, ya que tendrán algunos problemas de confianza con los humanos. Necesitarán más paciencia y amor que uno que ha venido de un hogar amoroso.

La actitud que tomes frente al adiestramiento de obediencia jugará un papel crucial en cómo responda tu Maltipoo. Si eres impaciente o te frustras con facilidad, necesitarás hacer sesiones más cortas, sino tu perro puede captar tus vibraciones negativas y comenzar a imitarlas. Además, inscribirte en clases de obediencia te orientará en cómo adiestrarlo, para que no te sientas tan abrumado.

Tanto tú como tu perro deben estar dispuestos a aprender, por lo que necesitas que ambos se vinculen durante las sesiones. Tu paciencia, amor y elogios harán que tu pequeño Maltipoo te responda y quiera complacerte aún más. Por más que sea un proceso largo, trata de hacerlo agradable y divertido.

En ocasiones, para que tu cachorro entienda, tendrás que mostrarle exactamente lo que quieres. Para esto, es posible que tengas que posicionarlo y recompensarlo cuando comience a cooperar, incluso si no realiza la tarea por completo.

Foto cortesía de
Amy Isett

Adiestramiento y recompensas

Las golosinas son de gran ayuda para motivar a tu cachorro a aprender cosas nuevas, y van de la mano con el adiestramiento de obediencia. Es casi imposible hacerlo sin motivarlo con una golosina ocasional.

Muchas de las tareas podrían ser difíciles de comprender para él. Por eso, tendrás que usar una palabra clave, un sonido o incluso ponerte de rodillas y mostrarle qué hacer. Aún con todo esto, tu cachorro podría no entenderte, pero una golosina facilitaría mucho las cosas.

Cómo puedes usar golosinas en el adiestramiento de obediencia de tu Maltipoo

Que sean pequeñas: demasiadas golosinas y recompensas podrían hacer que tu Maltipoo suba de peso. Es muy fácil excederse mientras se lo adiestra, por eso trata de darle solo algunas pequeñas o, si es posible, dáselas en pedacitos. Si por accidente le das demasiadas galletas en un día, podrías darle menos alimento a la hora de comer.

- **Cuándo recompensar:** Nunca recompenses el mal comportamiento. Al dar una golosina estás reforzando el buen comportamiento que apruebas. Si entra en un frenesí hiperactivo después de hacer el comando, será mejor no recompensarlo en ese momento.

- **No sobornos aquí:** El adiestramiento con recompensas es temporal. Se utiliza para motivar a los perros al principio a aprender un nuevo hábito y una palabra clave. Con el tiempo, habrá más elogios y atención en vez de golosinas. Tendrás que reducir la cantidad de a poco, de lo contrario, tu cachorro solo se comportará cuando sea sobornado con una golosina.

- **Recompensa cada pequeño paso:** Muchos cometen el error de recompensar a su perro solo cuando hace toda la tarea a la perfección. Esto solo lleva a la frustración para ambos. La clave para hacerlo bien es recompensar cada pequeño paso que dé hacia la completitud de la tarea, incluso el más mínimo progreso.

Algunos días puede parecer que tu Maltipoo retrocede sobre lo aprendido, pero ten paciencia: está haciendo todo lo posible para entender lo que tú quieres. Con el tiempo, se dará cuenta que la golosina está conectada a realizar una determinada tarea.

- **Distracciones:** Los cachorros pueden distraerse con facilidad, por eso asegúrate de que el lugar de adiestramiento que hayas elegido no tenga distracciones. Solo quieres que se concentre en ti y en la golosina en tu mano. Evita áreas donde pasen coches, haya ardillas o niños jugando.

- **Algo nuevo:** Haz que se emocione por las golosinas que le vas a dar. Algunas no son lo suficientemente ricas como para que haga un esfuerzo tan grande. Para las tareas más difíciles, elige sus favoritas para motivarlo a hacer lo imposible.

Adiestramiento con correa

En un mundo perfecto, los perros nacerían sabiendo cómo caminar con correa; pero la realidad es que tendrás que enseñarle a tu cachorro cómo hacerlo y que no está bien tirar hacia adelante o quedarse atrás.

El mayor desafío es enseñarle a caminar a tu ritmo. Tu Maltipoo es un manojo de energía que quiere hacer y ver todo a la vez, además camina súper rápido.

¿Por qué usar una correa y collar?

Las correas pueden limitarlo de meterse en problemas, como correr hacia la calle y ser atropellado. Además, los Maltipoo tienen un sentido agudo del olfato y están fascinados por todos los olores durante su paseo. Si lo dejas suelto, seguirían el rastro de otro perro y lo más probable es que se pierda.

Además, en la mayoría de las ciudades, la ley exige mantener a los perros con correa en todo momento. Si cumples con esto, estás demostrando que respetas a los demás y eres un buen vecino. Si dejas a tu perro suelto podría hacer sus necesidades en el jardín de alguien más, por eso es importante que siempre use corre y recojas sus desechos. En muchos lugares si no lo haces puedes recibir una multa de hasta 5.000 euros.

También debe llevar un collar con una chapa con sus datos en caso de que llegara a perderse. De lo contrario, un extraño podría decidir reclamar a su perro como propio.

Todos los perros aman comer todo lo que ven y huelen, incluida la basura. Además, si deambulan libremente pueden pisar plantas venenosas, pesticidas, arbustos infestados de garrapatas y plantas que tienen espinas o cardos, o beber agua contaminada.

Además, pueden morder o atacar a alguien si se asustan o se sienten amenazados. Si algo así llegara a suceder, la persona afectada podría tomar acciones legales contra ti y tu perro, sumado a una multa e, incluso, su sacrificio. Tener a tu Maltipoo con correa te ayuda a mantenerlo seguro y bajo control, y muestra que tú, como dueño, estás tomando todas las precauciones posibles.

Cómo adiestrar a tu Maltipoo para usar correa y collar o arnés:

Siguiendo estas sugerencias, en poco tiempo tu Maltipoo caminará con correa como un profesional.

1. **Elige la mejor correa y collar para tu Maltipoo:** A continuación, se presenta una breve introducción a los diferentes tipos de correas en el mercado. Al elegir un collar, asegúrate de que sea ligero y delgado, podrás cambiarlo más adelante si quieres.

2. **Introducción:** Preséntale a tu cachorro la correa, el collar y el arnés (si estás usando uno), y colócaselos durante los momentos de juego. Al principio será por períodos cortos, luego el collar permanecerá puesto permanentemente. Durante esos momentos, dale golosinas y elogios. Así, comenzará a asociar la correa y el collar con comida y tiempo de diversión.

3. **Sesiones de práctica:** Una vez que ya esté acostumbrado, paséalo por la casa. No trates de hacer que se mantenga a tu lado de inmediato; la clave es dejar que entienda los límites de su correa. Camina unos pasos, detente y dale una golosina. Haz esto hasta que tu cachorro comience a asociar seguir tu guía con obtener deliciosas golosinas.

4. **Pequeños pasos:** Al principio, podría tratar de escaparse. Solo déjalo ser y una vez que se dé cuenta de que la correa no va a ninguna parte, continúa caminando. Trate de hacerlo usando el método de los tres pasos y la golosina. Los pequeños pasos eventualmente conducirán a que pueda caminar alrededor de la manzana.

Tipos de collares y correas

Puede ser abrumador elegir la correa y el collar adecuados. No importa qué tipo decidas usar, solo es un medio para hacerle entender a tu Maltipoo cuándo detenerse, cuándo avanzar y qué tan rápido caminar. Recuerda: camina derecho, con la cabeza en alto y con determinación. Esa energía se la enviarás a tu cachorro a través de la correa, por eso nunca tires ni uses fuerza excesiva.

Si tienes alguna duda sobre qué tipo de correa y collar usar, consulta a tu veterinario para algunas recomendaciones.

Correa y collar básicos: Esta es la correa y collar más común y es adecuada para la mayoría de los perros. Cuando los uses, camina justo al lado o delante de tu Maltipoo: te hará ver como líder en la manada.

Collar de estrangulamiento: Esta es una cadena que se aprieta alrededor del cuello del perro cuando tiras, se usa para corregir el mal comportamiento en perros más grandes. No se recomienda para los más pequeños, como los Maltipoos, porque podría lastimarlo o asfixiarlo.

Arnés: Esta es una opción segura para perros que tienen la cara aplastada, como los Pugs, y perros con cuellos largos y delgados, como los Galgos. Los arneses no restringirán la respiración, ni dañarán la tráquea o la garganta. Está recomendado para Maltipoos.

Importancia de la visibilidad al pasear a tu Maltipoo

La visibilidad significa seguridad. Si sacas a pasear a tu cachorro por la noche o temprano en la mañana, a los conductores se les podría dificultar verlo, por eso lo ideal sería que le pongas un arnés de seguridad que tenga pegatinas reflectantes. También podrás encontrar correas y collares con algún tipo de iluminación adicional, o sino, puedes comprar cinta reflectante y hacerlo tú mismo.

CAPÍTULO SEIS
Cómo cuidar a tu Maltipoo

A quién no le gusta un día de mimos y atencion? Todos lo necesitamos de vez en cuando: un nuevo corte de pelo, una manicura o pedicura, y quizás hasta un masaje. ¡Suena maravilloso! Dedicar tiempo a nosotros mismos es uno de los mejores regalos que podemos darnos.

Pero como dice el viejo refrán, "Hay más felicidad en dar que en recibir", cuidar de tu cachorro Maltipoo te traerá muchos beneficios y mucha alegría.

Tu cachorro no puede valerse por sí mismo ni atender ninguna de sus necesidades básicas, necesita tu ayuda. Debes proporcionarle refugio, amor y alimento, pero también necesita ser acicalado y bañado.

Foto cortesía de Vicki Mueller

Acicalamiento en casa

Los padres del Maltipoo, el Caniche y el Maltés, requieren acicalamiento y cepillado regular, y tu Maltipoo necesitará lo mismo. Será necesario adaptar sus necesidades según el tipo de pelo que haya heredado:

1. **Liso y sedoso:** Los genes dominantes provienen del Maltés, ya que el Maltipoo tiene un pelaje liso y sedoso, y no es propenso a enredarse. Se recomienda acicalar y recortar este tipo de pelaje cada seis a ocho semanas.
   Este estilo de pelo permite una amplia variedad de peinados; puede dejarse largo para que se parezca a un Maltés típico, o darle un adorable corte de cachorro.

2. **Grueso y rizado:** Los genes dominantes provienen del Caniche, que es conocido por su pelaje grueso y rizado. Este tipo de pelaje requiere más mantenimiento, ya que es propenso a enredos y nudos. Necesitará recortes regulares para evitar que crezca mucho y pierda la forma.
   Si notas que se enreda o se forman nudos, intenta cepillarlo de inmediato o, si es necesario, córtalo. Sino puede convertirse rápidamente en uno enorme.
   Se recomienda acicalar y recortar este tipo de pelaje cada cuatro semanas.

3. **Ondulado y áspero:** Esto es señal de malas prácticas de crianza y es el tipo de pelaje menos deseable para un Maltipoo. Es el más difícil de mantener, ya que forma enredos y nudos rápidamente. La textura áspera hace que el acicalamiento sea muy problemático. El único tipo de corte adecuado es mantenerlo corto. Es difícil de controlar, por lo que no se recomiendan los cortes más estilizados.
   Se recomienda acicalar y recortar este tipo de pelaje cada cuatro semanas.

Aquí hay una breve lista de los tipos de cortes más populares para perros Maltipoo; todos son lindos y complementarán su personalidad encantadora:

- **Corte Miami Beach:** Este es uno de los estilos más populares para caniches y es más adecuado para cachorros Maltipoo que tienen pelo grueso y rizado. La cara, la cola y las patas se afeitan, dejando una forma de pompón en la base de las patas, la parte superior de la cabeza y el extremo de la cola. El resto del cuerpo se recorta.
- **Corte Town and Country:** Este corte se recomienda para todos los tipos de pelaje de Maltipoo, pero se ve muy bien si tiene el pelo liso y sedoso. Este es un corte ideal para un Maltipoo coqueto al que le en-

canta jugar al aire libre. Este corte implica afeitar el abdomen, la cara y las patas. El resto del pelo se recorta y puede dejarse a la longitud que desees y mantenerse con un cepillado diario.

- **Corte Kennel:** También llamado militar, este tipo de corte se recomienda para todos los tipos de pelaje de Maltipoo. Las orejas se recortan y se cepillan. Usando tijeras, el peluquero contorneará el pelo del cuerpo; las patas, la cara y la cola se afeitan, dejando un pompón al final.

- **Corte Cordero:** Este corte se ve muy bien en el Maltipoo de pelo grueso y rizado. También es un corte popular para caniches de exposición. Todo el cuerpo se recorta a la misma longitud excepto la cola, que tiene un pompón al final. ¡Adorable!

- **Corte Cachorro:** Este es el corte más popular para los tres tipos de pelaje de Maltipoo. El pelo de todo el cuerpo se corta corto y el de la cabeza se cepilla y se hace una coleta.

- **Corte Continental:** Este corte se recomienda para todos los tipos de pelo de Maltipoo. El pelo de todo el cuerpo se contornea cerca del cuerpo, excepto las patas, que tienen pompones en la parte inferior.

Como puedes ver, hay muchas opciones diferentes. Si decides acicalarlo tú mismo, es aconsejable que el primer corte lo realice un peluquero profesional, y luego puedes seguir la forma. Cualquier peinado que elijas será solo un complemento a su personalidad amorosa y dulce.

Acicálalo desde un principio

"Los Maltipoos son excelentes compañeros y muy leales. Son limpios e inteligentes, lo que hace que su cuidado y adiestramiento sea fácil".

Renee Banovich
www.aTender1sPuppies.com

La clave para acicalar a cualquier perro es acostumbrarlo a desde el principio. Como con los niños, cuanto antes aprendan un buen hábito o rutina, mejor.

Incluso si planeas llevarlo a un peluquero profesional, necesitarás entrenarlo desde que es pequeño. De todos modos, lo deberás cepillar todos los días.

Dado que los Maltipoo necesitan acicalamiento de forma regular durante toda su vida, es importante que no se traumen con la experiencia. Por eso es tan importante acostumbrarlos desde el primer día.

Cuando traigas a tu Maltipoo a casa, preséntale el cepillo. Deja que lo huela y lo toque, pero que no lo mastique ni juegue con él, así entiende que este no es momento de juego sino de que lo cepilles.

Luego, comienza a cepillar a tu cachorro con suavidad. Elógialo todo el tiempo que esté sentado y portándose bien. Hazlo solo por uno o dos minutos y luego dale una golosina por su buen comportamiento. Repite este proceso varias veces los primeros días, y verá que con el tiempo, se convertirá en una rutina.

Asegúrate de que todas las interacciones de acicalamiento sean una experiencia positiva para ambos. Si notas que te cuesta enseñarle a tu cachorro a que lo acicalen, sería bueno que, como motivación, te des a ti mismo un premio cada vez que lo hagas bien.

Además, si piensas que acicalarlo es una carga, esa es una señal para que no lo hagas en ese momento, sino captará tu mala vibra y le harás pasar un momento desagradable a tu cachorro. Espera hasta estar con ánimo y hacer que la experiencia sea positiva para ambos.

Cuanto más corta la sesión de entrenamiento, más productiva será. Si notas que tu cachorro se muestra reacio a participar, es una señal para ir más despacio. Es posible que necesites usar más golosinas para hacer el proceso más atractivo.

Estate preparado desde el primer día que traigas a tu cachorro Maltipoo a casa para estar siempre pendiente de su rutina regular de acicalamiento.

No tomarte el tiempo para enseñarle que el acicalamiento es beneficioso conducirá a malos hábitos que serán casi imposibles de romper. Esto podría llevarlo a morder o arañar, resultando en sesiones de acicalamiento infelices. Por eso enséñale que este es un momento divertido y de unión entre ustedes.

Baño

La mayoría de los cachorros Maltipoo aman la hora del baño y es una de las tareas más agradables. Comencemos con algunas de las preguntas más comunes.

¿A qué edad puedo comenzar a bañar a mi Maltipoo?

A partir de las ocho semanas ya se lo puede bañar, que es la edad que tiene cuando se lo lleva a su nuevo hogar. Pero ¿qué pasa si es menor? Por lo general, la madre mantiene a sus cachorros limpios hasta que los desteta a las cuatro o cinco semanas. Después, puedes limpiarlo con un paño húmedo, si fuera necesario.

¿Con qué frecuencia lo puedo bañar?

Se recomienda bañar a tu Maltipoo aproximadamente cada tres semanas. Bañar a un perro con demasiada frecuencia puede hacer que su piel y pelaje se resequen. La clave es usar un champú y acondicionador de buena calidad que sean especiales para su tipo de pelo.

Por el contrario, no hacerlo con la frecuencia necesaria hará que su pelaje se vuelva grasoso, se enrede, y que sus poros se obstruyan e incluso cause mal olor.

Cómo bañar a tu Maltipoo

1. **Prepárate:** Usa ropa que no te importe que se moje, ensucie y llene de pelo. Reúne todos los suministros que necesitarás durante el baño para no tener que correr a buscar algo, dejando al cachorro mojado y enjabonado solo. Ten a mano: champú, acondicionador, un cepillo, aceite mineral para los ojos, gasa o bolas de algodón para las orejas, dos toallas grandes y, lo más importante, muchas golosinas. Si no tienes una ducha desmontable, asegúrate de tener un recipiente grande para poder a enjuagarlo.

2. **Llena la bañera o lavabo con agua tibia:** Uno de los errores más comunes es poner al perro en un fregadero vacío y luego llenarlo de agua. Esto solo hará que tu cachorro se aburra y el baño será una mala experiencia.

3. **Prepara a tu Maltipoo:** Fíjate que las uñas de tu cachorro estén cortas antes de comenzar a bañarlo, para evitar accidentes. Llévalo al baño y cierra la puerta, así no se escapa. Luego, elógialo y dale algunas golosinas. Trata de hacerlo sentir cómodo antes de ponerlo en la bañera o el fregadero. Trata de ponerle una bola de algodón en cada oreja para evitar que le entre agua, no olvides quitarlas después. Si tu Maltipoo tiene ojos sensibles, puedes ponerle unas gotas de aceite mineral, para evitar que el champú los irrite.

4. **Hora del baño:** Lee bien las instrucciones en la botella de champú y usar la cantidad correcta. Coloca con cuidado al cachorro en la bañera o el fregadero y asegúrate de que el agua no esté muy caliente o helada. Moja su pelaje y aplica el champú en los hombros, y luego en el resto del cuerpo. Ten mucho cuidado alrededor de la boca y las orejas. Enjuaga bien, y asegúrate de que no queden restos de champú, ya que podría irritar la piel.

5. **Desenreda ese pelaje:** Después, aplica el acondicionador. Sigue las instrucciones con cuidado, ya que algunos se deben dejar un par de minutos para que se absorban. Enjuaga bien.

6. **Limpia las orejas:** Mientras el acondicionador se absorbe en el pelaje, es un buen momento para limpiar sus orejas con la gasa o las bolas de algodón.

7. **Secado con toalla:** Saque a tu perro del fregadero o la bañera y rápidamente envuélvelo en una toalla y sécalo bien. Trata de que no se sacuda hasta que esté casi seco. Cepíllalo antes de dejarlo salir de la habitación, ya que soltará mucho pelo. Si ves que cuando sale se pone eufórico y corre por todas partes, déjalo, así es como alivia el estrés.

Secado

Como se mencionó antes, puedes secar a tu Maltipoo con toalla en los meses más cálidos; pero cuando hace frío se recomienda usar un secador de pelo a baja potencia. Nunca lo apuntes directamente a su cara, ya que eso lo asustará.

Si tu Maltipoo ha heredado el pelo suave y sedoso del Maltés, es aconsejable usar siempre el secador de pelo, ya que tiende a enredarse y anudarse. Mientras lo haces, cepilla su pelo hacia arriba, para secar las raíces y eliminar cualquier exceso de pelo.

Es importante que tu Maltipoo esté seco por completo después de bañarlo porque se puede resfriar. Así que no dejes que salga hasta que esté cien por cien seco.

Cepillado

No importa qué tipo de pelaje tenga tu Maltipoo, necesitará que lo cepilles todos los días. Cuanto antes lo acostumbres, más fácil será cuando sea mayor.

Para el cepillado diario, se recomienda usar un cepillo de púas o un cepillo suave, que están diseñados para el tipo de pelo del Maltés o del Caniche.

Cómo cepillar a tu Maltipoo:
- Pásale el cepillo con suavidad, no lo hagas con fuerza, ya que podrás lastimarlo. Al peinar su pelaje, se eliminará el exceso de pelo muerto y evitará que se enrede.

- Si tu Maltipoo ha heredado el pelo fino del Maltés, puede ser útil usar un espray desenredante antes de cepillarlo.

Cómo eliminar un nudo:
- Esto es un desafío y puede causarle mucha incomodidad a tu cachorro. Un pequeño nudo puede convertirse rápidamente en un gran problema, por lo que es fundamental detectarlo a tiempo antes de que crezca demasiado.
- Cuando encuentres un nudo, primero rocíalo con bastante espray desenredante. Luego, usando un cepillo especial para nudos, comienza a desenredar el borde del nudo con delicadeza. Tomará algo de tiempo, pero verás que con un cepillo y un poco de paciencia, podrás eliminar cualquier nudo.
- Si tiene un nudo demasiado grande para cepillarlo, tendrás que cortarlo. Ten mucho cuidado al hacerlo porque podrías lastimar a tu cachorro. Usa tus dedos para proteger su piel del filo de las tijera. También, es posible que tengas que cortarlo en pedazos antes de poder eliminarlo. Quizás al cortar el nudo por la mitad, puedas cepillarlo y no hará falta que saques todo. Así, tu Maltipoo no tendrá huecos en su pelaje.

Si notas que tu cachorro tiene dificultades para quedarse quieto durante una sesión de cepillado, lo mejor sería jugar bastante con él para que se canse. Luego puedes intentarlo de nuevo, ya que tendrá menos energía para tratar de escapar. Forzarlo a ser cepillado resultará en que ambos se irriten y se frustren.

Orejas

Revisa las orejas de tu Maltipoo una vez por semana, ya que son propensas a infecciones.

Estos cachorros han heredado sus orejas caídas de ambos padres, lo que causa que acumulen más cantidad de cera que otras razas.

Las orejas son una de las áreas más sensibles y a muchos no les gusta que se las toquen, ya que pueden tener cosquillas. ¿Cómo puedes enseñarle a tu Maltipoo que se deje tocar las orejas?

Desde el primer día que lleves a tu cachorro a casa, toca, masajea y mira el interior de sus orejas mientras interactúas con él. Haz esto día por medio, y verás como se reduce su sensibilidad. Por otro lado, si has adoptado un Maltipoo mayor al que no le gusta que le toquen las orejas, intenta hacerlo cada día, con muchos elogios y golosinas hasta que se acostumbre.

Cómo limpiar las orejas de tu Maltipoo:

- Levante sus orejas y verifica si hay algún signo de infección o cualquier residuo, como hierba o suciedad. Usando un paño limpio y húmedo, limpia suavemente y saca la cera. Fíjate si hay pequeños cortes o rasguños que se pueda haber causado al rascarse, si los tiene, límpialos y deja que sanen por sí solos.

- Si notas que tienen un olor fuerte, hinchazón o están calientes es una señal segura de infección, y debes llevarlo al veterinario lo antes posible.

- Usando pinzas, retira cualquier pelo largo que crezca fuera de las orejas, ya que pueden provocar infecciones en el oído si no se eliminan.

Uñas

La frecuencia con la que tengas que cortarle las uñas a tu Maltipoo dependerá del tipo de actividad que realice regularmente. Por ejemplo, si suele caminar sobre pavimento, se desgastarán más rápido que las

Foto cortesía de Meredith Edwards

91

de un perro que camina sobre césped, al que se las recortarán con más frecuencia.

En cualquier caso, puede cortárselas tú o llevarlo a un peluquero.

Cómo cortar las uñas de su Maltipoo:

Si decides cortárselas tú mismo, necesitarás un par de cortaúñas especiales para perros pequeños y tener algo de maicena a mano.

Asegúrate de que el cachorro esté cansado. Sostén una de sus patas y examina las uñas de cerca e intenta identificar la matriz ungueal: si la cortas sangrará y lo lastimarás.

La matriz ungueal es fácil de identificar en cachorros Maltipoo de color más claro, ya que puedes ver una línea rosada en la uña. En cambio, en perros más oscuros es más difícil. Una vez que la hayas identificado corta aproximadamente dos milímetros por debajo de ella. Usa las instrucciones que vinieron con el cortaúñas: la mayoría deben sostenerse de manera perpendicular. Trata de hacerlo rápido y no te asustes si el cachorro intenta alejarse de ti. Si gime o llora, significa que cortaste la matriz. Pronto comenzará a sangrar, así que rápidamente coloca su pata en la maicena, esto ayudará a detener el sangrado.

Es posible que no puedas cortar las uñas de las dos patas en la misma sesión o incluso solo puedas cortar una uña a la vez, y eso está bien. A algunos perros no les molesta, pero la mayoría protestará e intentará escapar.

Como ya se mencionó, desde el primer día acostúmbralo a que le sostengas las patas y toques sus uñas. Con el tiempo, no tendrá problemas y estará cómodo con esto.

Pedicura para tu Maltipoo

A muchos les encanta mimar a sus cachorros. Los mantienen bien acicalados y limpios y, sobre todo, les encanta poner un poco de brillo en sus uñas. Si decides hacerlo, aquí hay algunas sugerencias simples para tener en cuenta.

- Los Maltipoo son curiosos por naturaleza y les encanta lamer o probar cosas nuevas. Por eso, no se recomienda el uso de esmalte de uñas para humanos, ya que contiene químicos que pueden ser tóxicos si los consumen. Teniendo en cuenta su tamaño, la toxicidad puede ser fatal. Por eso, solo usa esmalte especial para perros.

- Antes, revisa bien sus uñas y fíjate que no tenga grietas o cortes, porque podría irritarle. Luego de aplicar el esmalte, si notas que el cachorro se está lamiendo o mordiendo las uñas, significa que lo va a ingerir, y lo más seguro es que le produzca malestar estomacal. Por lo general, si tu perro se muerde las uñas, es una señal de que está estresado, por eso, nunca deberías sacrificar su salud por razones cosméticas.

Consejos útiles para el cuidado de las uñas y las patas de tu Maltipoo

Los cachorros Maltipoo son perros de interior, pero también disfrutan de un paseo. Sin embargo, durante el invierno, sus patas podrían comenzar a secarse por el contraste entre el frío del exterior y el calor de tu casa.

¿Cómo puedes proteger sus patas para que no se agrieten y se sequen?

Puedes aplicarle una pequeña cantidad de aceite de coco: esto ayudará a evitar que las uñas se quiebren y las patas se agrieten. Pero recuerda usar poca cantidad porque intentará lamerlo. Si bien no es tóxico, contiene calorías innecesarias.

No cortarle las uñas a tu Maltipoo puede representar un riesgo, ya que podrían quebrarse e infectarse. Además, si están muy largas pueden ser muy incómodas para caminar, haciendo que cojee, y generar problemas de postura en el futuro.

La verdad es que a nadie le gusta cortar las uñas de su cachorro, pero es una parte del acicalamiento muy importante y nunca debe omitirse.

Cera para patas casera

Esta es una receta muy simple y económica para hacer cera para las patas de tu Maltipoo. Contiene ingredientes no tóxicos que lo protegerán del suelo helado durante el invierno o el cemento ardiente en el verano.

INGREDIENTES:

- 85 gramos de cera de abeja
- 3 cucharadas de aceite de coco
- 3 cucharadas de aceite de aguacate
- 3 cucharadas de aceite de caléndula (también se puede reemplazar con aceite de aguacate o coco)

INSTRUCCIONES:

1. Hornalla: Coloca todos los ingredientes en una olla hasta que se derritan. Revuelve cada tanto. Vierte en un recipiente de plástico o metal, deja enfriar 20 minutos y está listo para usar.

2. Microondas: Coloca todos los ingredientes en un recipiente de vidrio y hasta que se derritan. Revuelve cada tanto. Vierte en un recipiente de plástico o metal, deja enfriar 20 minutos y está listo para usar.

Dientes

"Mantener los dientes limpios y las encías saludables de tu Maltipoo es súper importante. Puedes elegir de entre muchos tipos diferentes de croquetas, pero las secas son las mejores. También puede ser muy útil darle juguetes especiales que contribuyen a su salud dental".

Rebecca Posten
riversidepuppies.biz

La buena noticia sobre los dientes de tu Maltipoo es que no son tan propensos a las caries como los de los humanos. Aun así, todos los perros acumulan sarro, placa y pueden tener gingivitis. Los dientes amarillos y el mal aliento no son lo peor: estos problemas pueden conducir a enfermedades del corazón, hígado y riñones, e incluso ser fatales, pero pueden evitarse con un simple cuidado dental. Entonces, ¿cómo puedes cuidar los dientes de tu Maltipoo?

Cómo entrenarlo para que te permita cepillarle los dientes:

Como con cualquier tipo de adiestramiento, es vital comenzar a enseñar el nuevo comportamiento lo antes posible. Cuanto más esperes para acostumbrar a tu Maltipoo a que le cepillen los dientes, es más probable que no suceda: se agitará mucho cuando le toques la boca y tendrás miedo de intentarlo.

Comienza a entrenar a tu Maltipoo para la higiene dental mientras aún es un cachorro, será más adaptable y tranquilo, y dejará que le toques los dientes.

Primero, haz que pruebe la pasta de dientes. Coloca una cantidad muy pequeña en la punta de tu dedo y deja que la lama. Si ves que no está muy entusiasmado con el sabor, cambia a otro. Recuerda siempre usar una que sea especial para perros, ya que la que usamos nosotros contiene flúor que es súper tóxico para ellos y puede causarle insuficiencia renal e incluso la muerte.

Desde el primer día, frota tus dedos sobre sus encías y dientes, hasta que comiences a cepillarlos. Esto lo ayudará a acostumbrarse a que le toquen los dientes, lo que facilitará la limpieza en el futuro.

Una vez que ya esté acostumbrado, introdúcele el cepillo de dientes. Al principio quizás solo puedas cepillar dos dientes a la vez, hasta que se sienta más cómodo con el procedimiento y puedas hacerle la limpieza por completo.

Las primeras veces que lo hagas, puede haber sangrado: si es poco, es normal, pero si es abundante y continúa después del cepillado, es una señal de que usaste mucha fuerza o que quizás tenga gingivitis; de cualquier manera siempre consúltale al veterinario.

Cómo cepillarle los dientes:

1. **Elige el momento adecuado:** El mejor momento es cuando tu Maltipoo está relajado y tranquilo. El objetivo es establecer una rutina diaria para cepillarle los dientes, si es posible. Si tiene una boca sana, podrías hacerlo tres veces por semana. Establece un horario y cúmplelo.

2. **Ten tus herramientas a mano:** Asegúrate de tener pasta de dientes para perros; uno de los sabores más populares es la mantequilla de cacahuete. Use un cepillo de cerdas suaves para perros pequeños o un cepillo de dedo. Ten la pasta preparada en el cepillo. Dale una golosina como recompensa por su buen comportamiento.

3. **Posición correcta:** Ambos deben estar cómodos. Evita pararte por encima de tu cachorro o sujetarlo con fuerza; esto hará que se sienta amenazado. Arrodíllate a su lado o ponlo a tu nivel, debe estar sentado y tú a su mismo nivel.

4. **Revisa las encías:** Usando una presión suave, frota tus dedos limpios a lo largo de las encías, esto las prepara para el cepillo de dientes y te ayudará a ver si hay heridas o dientes rotos.

5. **Hora del cepillado:** Levanta su labio superior; sostén el cepillo en un ángulo de 45 grados, tocando donde se encuentran las encías y los dientes. Cepilla con movimientos circulares para eliminar placa o sarro. Concéntrate en los dientes posteriores, ya que es allí donde tiende a acumularse más. Hazlo durante dos minutos como máximo.

6. **Tranquiliza a tu cachorro:** Durante el proceso, háblale con voz suave y elógialo por ser un perro tan bueno. Esto lo mantendrá relajado y tranquilo.

7. **Hora de la recompensa:** Una vez que hayas terminado, recompénsalo con su golosina favorita y muchos juegos.

Señales de advertencia de que tu Maltipoo tiene problemas dentales:

Mira su boca al menos una vez por semana: si notas alguno de estos síntomas, llévalo al veterinario lo antes posible.

- Mal aliento (no solo aliento de perro)
- Un cambio en los hábitos de masticación o alimentación
- Que se toque la boca o la cara con la pata
- Depresión, no querer comer o jugar
- Salivación excesiva
- Dientes faltantes (después del período de dentición)
- Dientes descoloridos o rotos
- Encías rojas, hinchadas o que sangran
- Bultos
- Sarro marrón cerca de la línea de las encías
  ¿Cómo afecta la enfermedad dental?

El sarro dental o la placa que se acumula en los dientes está compuesto por un ochenta por ciento de bacterias, que dañan las encías, el hueso debajo de ellas y los ligamentos que mantienen aclos dientes en su lugar. Una vez que se mete al torrente sanguíneo, comienza a infectar el corazón, los pulmones y los riñones. La enfermedad dental avanzada es muy dolorosa y tratarla puede ser muy costoso. Por eso, es muy importante el cepillado frecuente ya que es la única manera de prevenirlo.

¿Con qué frecuencia el veterinario debe revisarle los dientes a tu Maltipoo?

Tu veterinario debe examinar los dientes de tu cachorro cada seis a doce meses, puede hacerlo en su chequeo anual. Cuando hagas la cita, asegúrate de que el veterinario tenga suficiente tiempo para hacer un control de higiene dental.

Proporcionarle a tu perro higiene dental puede evitar visitas al veterinario costosas y dolorosas en un futuro. Muchas veces, tendrá que recibir anestesia para que le limpien los dientes y las encías si hay una mala acumulación de sarro.

Cómo fortalecer sus dientes Maltipoo:

Una forma es dándole comida crujiente, ya que la comida blanda se atascará en sus dientes y le causará deterioro. La comida seca y crocante ayuda a mantenerlos su salud dental.

Además, hay muchos juguetes masticables diseñados para fortalecer los dientes y las encías de tu perro y puede encontrarlos en cualquier tienda de mascotas. Evita los que son duros, ya que podrían romperle un diente y generarle una infección. También, puedes darle un hueso para que mastique, lo que evitará la acumulación de sarro y fortalecerá los dientes.

Pero recuerda, esto no reemplaza la limpieza regular, sino que puede ayudar a promover una buena higiene dental. ¿Masticarías chicle y usarías enjuague bucal pero no te limpiarías los dientes? No, sabes que la mejor opción es un cepillo y pasta. Lo mismo ocurre con tu Maltipoo: la comida seca, los juguetes masticables y los huesos no son suficientes.

Dientes de leche (primarios) retenidos:

Los perros como los Maltipoos no perderán sus dientes de leche debido a que tienen una mandíbula muy pequeña. En cambio, se los tendrá que extraer un veterinario para que los definitivos puedan salir. A menudo, esto se hace cuando lo castran o esterilizan.

Si no se extraen, se apiñarán y los definitivos no podrán crecer rectos. Los dientes torcidos y desiguales hacen que la comida se quede atascada en ellos y que se acumule placa. Esto resulta en crecimiento bacteriano, que causa mal aliento y enfermedad de las encías.

Enfermedad periodontal:

Esta es una enfermedad de las encías causada por la acumulación de placa. Más del 80 por ciento de todos los perros sufren esta condición porque sus dueños no cuidaron de sus dientes. Puede evitarse por completo limpiando sus dientes con regularidad.

Es una enfermedad muy dolorosa que le dificulta comer y algunas de las bacterias pueden infectar el corazón, el hígado y el cerebro.

Si notas que tu Maltipoo comienza a tener mal aliento o saliva excesivamente, podría ser un signo de esta enfermedad y sus glándulas salivales podrían estar adoloridas e inflamadas por las bacterias en su boca. Debes llamar a tu veterinario de inmediato y programar una cita.

Herramientas necesarias para el acicalamiento

Aquí hay una lista básica de suministros que necesitarás para acicalar a tu Maltipoo, dependiendo de si lo llevarás a un peluquero o lo harás tú mismo. Estas son solo sugerencias para comenzar, puedes adquirir artículos adicionales con el tiempo, a medida que los necesites.

Equipo necesario para acicalar a su Maltipoo

- **Cepillo de cerdas:** Este tipo de cepillo eliminará cualquier pelo suelto, suciedad o residuos. Estimulará la piel de tu Maltipoo, mejorará su circulación y le dará brillo a su pelaje. Hazlo con suavidad para evitar lastimarlo.

- **Cepillo de púas:** Esto es similar al cepillo de cerdas, pero las suyas son más espaciadas con un recubrimiento de goma en las puntas para un cepillado más suave. Los peluqueros suelen usarlos luego del de cerdas, para esponjar el pelo del perro.

- **Cepillo desenredante:** Este cepillo tiene muchas cerdas de alambre cortas en una superficie rectangular, y es ideal para eliminar nudos y enredos. Los peluqueros también los usan para hacer que el pelaje del perro se vea suave y brillante.

- **Cortanudos:** El nombre explica su propósito. Los separadores de nudos vienen en tres estilos diferentes: estilo abrecartas, estilo navaja de afeitar y estilo de hoja curva. Se utilizan para dividir el pelo enredado en piezas más pequeñas sin causar incomodidad a tu cachorro.

- **Peines:** Los peines son muy útiles para eliminar nudos ya que pueden llegar hasta la raíz y aflojarlo lentamente. Algunos tienen dientes giratorios, lo que hace la tarea mucho más fácil.

- **Peine antipulgas:** De nuevo, el nombre describe su función: está diseñado para eliminar pulgas. Es muy pequeño, por lo que puede caber en espacios difíciles de alcanzar, como detrás de las orejas y en las axilas.

- **Tijeras:** Se recomienda invertir en un par de tijeras de alta calidad, para recortar alrededor de los ojos o para eliminar un nudo problemático.

- **Champú y acondicionador:** Asegúrate de que la marca que elijas sea para caninos y para el tipo de pelaje de tu Maltipoo. Sigue las instrucciones en la botella.

- **Dos paños de baño:** Necesitarás uno para bañarlo y el otro para cubrir sus ojos durante el enjuague.

- **Dos toallas grandes:** Se usa para secar a tu cachorro después del baño.
- **Gasas estériles:** Se usa para limpiar las orejas.
- **Pinzas:** Se usa para arrancar cualquier pelo que crezca fuera de las orejas.
- **Acondicionador sin enjuague:** Para prevenir nudos y enredos, se puede rociar sobre el pelaje después del acicalamiento. Sigue las instrucciones en la botella.
- **Cepillo de dientes y pasta dental:** Puedes comprar una pasta y un cepillo de dientes para perros en la tienda de mascotas. Es posible que necesites probar con diferentes sabores hasta que encuentres el que tu Maltipoo tolera.
- **Cortaúñas:** Estos vienen en todas las formas y tamaños, pero elige uno que esté diseñado para los más pequeños.
- **Cera para almohadillas:** Esto lo puedes conseguir en la tienda de mascotas; se usa para proteger sus patas cuando está afuera durante el invierno y el verano.

Visitas al peluquero

Los cachorros Maltipoo son descendientes de dos razas de perros con pelaje que requiere cuidados y atención especiales. Los Caniches tienen pelo rizado y grueso y los Malteses tienen pelo lacio y fino y ambas razas requieren acicalamiento profesional.

Las primeras impresiones perduran

Vas a querer que la primera impresión de tu Maltipoo sobre el peluquero sea positiva. Por eso, debes tratar de encontrar uno que sea recomendado y que esté dispuesto a acicalar a tu cachorro, ya que algunos solo aceptan ciertas razas.

¿Cómo puedes hacer que su primera visita al peluquero sea positiva?

Programa una cita de encuentro con el peluquero unos días antes del acicalamiento. De esta manera, podrá conocer a tu Maltipoo y jugar con él durante unos minutos. Lleva algunas de sus golosinas favoritas para que le dé. También, asegúrate de que sea en un momento en que no haya otros perros en las instalaciones. Esto podría intimidarlo, se sentiría estresado y molesto.

Mientras se saludan, trata de escabullirte durante unos minutos. Esto le hará entender que vas a volver y que no lo estás abandonando con una persona extraña.

Tener un encuentro con el peluquero romperá el hielo para la fecha de acicalamiento. Cuando regrese para la cita, tu cachorro lo asociará con algo positivo: recibir golosinas y que lo acaricien. Esto lo hará menos traumático tanto para ti como para tu cachorro cuando se quede a solas con el peluquero por primera vez.

¿Cuándo debe ir al peluquero por primera vez?

Alrededor de los cuatro meses es la edad recomendada para comenzar a ir al peluquero. Antes, tu cachorro es demasiado hiperactivo para sentarse quieto y dejar que le corten el pelo. La mayoría de los peluqueros profesionales no lo aceptarán, ya que saben que las posibilidades de lastimarlo por accidente son mayores.

Foto cortesía de Amanda Hazy

¿Es realmente necesario acicalar a tu cachorro Maltipoo?

¿Qué le pasará a su pelaje si no lo recortas regularmente?

Lo mismo que le pasaría al cabello humano: desarrollará puntas abiertas, lo que produce un aumento en la caída y más trabajo limpiando el pelo del perro en tu ropa y por toda la casa. También pueden debilitar los folículos pilosos, haciendo que el pelaje sea más propenso a enredarse, lo que significa más trabajo con el cepillado y el corte de los nudos que aparecen cada día.

Cuando los Maltipoo no están bien acicalados, se formarán muchos más nudos. La piel se vuelve roja e inflamada, porque el pelo está tirando de ella. Si los nudos no se cortan a tiempo, la piel inflamada puede infectarse, lo que lleva a más problemas de salud.

Así que, a largo plazo, tener a tu Maltipoo acicalado profesionalmente te ahorrará mucho tiempo y energía. Además, no es solo un procedimiento cosmético, sino que es una parte esencial de su salud.

¿Qué corte de pelo debe tener tu Maltipoo?

Un buen peluquero lo mirará y le dirá qué corte es adecuado para su tipo de pelaje. No existen los cortes estándar, pero en general, cuanto más corto sea, más fácil será mantenerlo y conservarlo. Uno común es el corte de cachorro o de león, donde todo el pelo del cuerpo se corta corto, pero se deja más largo en la cabeza, las patas y la cola. ¡Es adorable!

Antes de elegir un corte específico, hazle estas preguntas a tu peluquero:

1. ¿Cómo puedo mantener este corte diariamente?
2. ¿Cómo puedo mantener a mi perro con un aspecto óptimo?
3. ¿Cuándo debería volver para un recorte y un baño?

Al hacer una cita, pregunta si el baño y el recorte de uñas están incluidos en el precio.

¿Es realmente necesario llevarlo a un peluquero profesional?

Puede ser tentador ahorrar algo de dinero, pero realmente, pagarle a un profesional vale cada céntimo. ¿Por qué? Es un trabajo que implica mucha habilidad, entrenamiento y equipamiento.

¿Dejarías que cualquier persona sin formación te cortara el pelo o te hiciera una manicura? ¡Por supuesto que no! Te podrían hacer un desastre en la cabeza o lastimarte con el cortaúñas. Lo mismo ocurre con tu cachorro. Podrías acicalarlo tú mismo, pero corres el riesgo de cortarle mal el pelo o incluso lastimarlo. Él no entiende la necesidad de quedarse quieto, por lo que es súper complicado cortarle el pelo. Por eso, es mejor dejarle esta complicada tarea a un peluquero profesional.

Consejos que tu peluquero desearía que supieras:

Estos siete consejos beneficiarán el bienestar físico y emocional de tu Maltipoo y harán que el trabajo de tu peluquero sea más ameno.

1. **Prepara a tu perro:** Desde el día que traigas a tu cachorro a casa, acostúmbralo a que lo toquen en áreas sensibles o con cosquillas como las patas, las orejas y las axilas.

Es la pesadilla de todo peluquero tener que cortar las uñas de un perro cuando está nervioso y molesto porque no puede soportar que le toquen las patas. No es su intención ponerle un bozal a tu

Maltipoo, pero podría tener que hacerlo, si intenta morderlo cada vez que lo toca.

2. **Comienza el arreglo lo más temprano posible:** Los cachorros son más moldeables que los perros mayores. Por eso, los peluqueros recomiendan empezar a acicalarlos a los cuatro meses. Además, cuanto antes comience, su pelo será menos propenso a enredarse.

   Cuanto más viejo sea el perro, más traumática será la experiencia. Nunca caigas en la trampa de pensar que tu cachorro aún no necesita ser acicalado. Cuanto más lo posponga, más sufrirán tu Maltipoo y el peluquero.

3. **Cepilla regularmente:** El pelo de tu perro es como el tuyo. Si no lo cepillas durante un par de días, se verá desprolijo, enredado y con nudos. Lo mismo ocurre con tu Maltipoo. Cuanto menos cepilles su pelaje, más difíciles serán de eliminar esos nudos y enredos.

   Además, cepillarlo con regularidad ayuda a que no tenga tanta sensibilidad en ciertas áreas, ya que estará acostumbrado a que lo toquen. Esto hará que no esté nervioso y molesto durante las sesiones.

   Como ya se mencionó, los nudos pueden ser un problema serio, causando que su piel se irrite. Aquellos que no se puedan desenredar tendrán que ser afeitados.

4. **Por favor da instrucciones claras:** Los peluqueros no pueden leer tu mente y trabajan con muchos perros al día, así que se claro y específico en cuanto a lo que deseas que haga. Si quieres un cierto corte de pelo, llévale una foto como inspiración. Si solo quieres que le recorten las uñas y un corte rápido, díselo al peluquero. La comunicación es la clave para que la experiencia sea positiva para los tres.

5. **Escucha las sugerencias de tu peluquero canino:** Han recibido formación profesional sobre cómo acicalar a su perro. Esto significa que tendrán una idea general de qué tipo de corte se verá bien en tu perro y qué se verá mal. Si tu peluquero sugiere algo diferente a lo que querías, escucha las sugerencias y considéralas.

6. **Mantente tranquilo y no te quedes a mirar:** Cuando lo dejes , trata de estar tranquilo y relajado, ya que tu cachorro puede captar tanto tus vibraciones negativas como positivas. Si te estresa dejar a tu pequeño en el peluquero, es probable que él también esté estresado, lo que lleva a una experiencia incómoda para todos.

   Por cierto, evita pasar por el lugar para ver si ya terminaron la sesión. tu cachorro te escuchará y se emocionará, lo que hará que el acicalamiento se complique.

7. **Báñalo frecuentemente:** Muchos temen que, si bañan a su Maltipoo con demasiada frecuencia, se le secará la piel. Esto no será un problema si eliges el champú correcto. Si no estás seguro cual elegir, pídele una recomendación a tu peluquero.

Bañarlo con frecuencia facilita el trabajo del profesional y ayudará a prevenir problemas de piel.

Glándulas anales

Las glándulas anales, también llamadas sacos anales, son dos pequeños bolsillos que se encuentran a ambos lados del ano. Estos sacos se vacían a través de un pequeño conducto en el ano. Cada uno está lleno de glándulas sebáceas y muchas glándulas sudoríparas. Cuando se libera la sustancia secretada combinada, es un fluido parduzco que tiene un olor feo.

Los perros marcan su territorio y se identifican entre sí utilizando esta sustancia maloliente. Esta es la razón por la que a menudo se huelen los traseros. También sirve como lubricante, que facilita la expulsión de las heces.

Cuando esté acicalando a tu Maltipoo, tendrás que revisar estas glándulas. Si lo está haciendo un profesional, pídele al veterinario que lo revise y se asegure de que no estén obstruidas.

Los perros pequeños son propensos a enfermedades de las glándulas anales, en especial si tienen sobrepeso. Por lo general, cuando un perro defeca, el fluido en los sacos anales es expulsado; el problema comienza cuando estos no se vacían por completo. El fluido que queda se vuelve seco y espeso, lo que hace que la abertura se obstruya.

¿Cómo puedes saber si las glándulas anales están obstruidas?

Estos son algunos signos comunes:
- Mal olor que proviene del trasero
- Arrastrar el trasero por el suelo
- Estreñimiento o dolor al defecar o sentarse
- Lamerse o morderse la zona

¿Cómo puede cuidar los sacos anales?

Es más sencillo de lo que parece. Al presionar suavemente cerca del ano, puedes vaciarlos. Lo ideal es hacerlo antes de bañar a tu perro aproximadamente cada tres semanas, para eliminar el mal olor acumulado.

1. **Prepárate:** Usa ropa vieja y, si el olor es muy fuerte, colócate una pinza para la ropa en la nariz. También puedes usar guantes de látex desechables.
2. **Toallas de papel:** Dobla varias toallas de papel absorbentes para manejar mejor la sustancia desagradable.
3. **Posiciona a tu perro:** Levanta la cola de tu Maltipoo con una mano y sostén la toalla de papel lo más cerca de ano posible con la otra.
4. **Presión:** Usa tu pulgar e índice para apretar con suavidad, justo debajo del ano. No acerques tu cara, ya que es común que el líquido salga disparado.
5. **Limpieza:** Tira las toallas de papel y lava bien el trasero de tu Maltipoo. Una vez más, es preferible hacer esto justo antes de bañarlo.

   Nota: Al apretar el saco anal, si ves que no sale líquido, podría tener un saco obstruido, así que necesitarás llevarlo al veterinario pronto.

Si notas que a menudo se le obstruyen, es posible que debas agregar más fibra a su dieta. Esto aumentará el tamaño de sus heces, lo que ejercerá más presión sobre los sacos anales y expulsará fácilmente el fluido.

Cuando no se tratan, los sacos anales pueden infectarse. Si le sale líquido amarillo o con sangre, llévalo de inmediato a que lo revisen. El veterinario tendrá que limpiar las glándulas, lo que será muy doloroso para tu cachorro, y te recetará antibióticos durante unos días.

Una infección que no se trata se convierte en un absceso lleno de pus que podría romperse en cualquier momento. Esto es sumamente doloroso y tu veterinario tendrá que abrir el absceso y limpiarlo. También le recetará antibióticos y medicamentos antiinflamatorios para ayudar a que baje la hinchazón.

Si tu Maltipoo sigue teniendo las glándulas anales obstruidas, tu veterinario podría recomendar su extirpación quirúrgica. Es una operación simple, pero muchas veces tiene efectos secundarios como la incontinencia fecal.

¿Cómo puedes evitar la obstrucción de los sacos anales?
- Dieta saludable, con abundante fibra
- Mucho ejercicio
- Chequeos regulares en el veterinario
- No sobrealimentar a tu Maltipoo; cuanto más sobrepeso tenga, mayor será la posibilidad de que se obstruyan.

¿Qué pasa si tu perro no permite que toques su trasero?

Este es un problema común, ya que el área anal es extremadamente sensible. Por eso, lo ideal es acostumbrarlo desde el primer día que lo traigas a casa. Los cachorros son más moldeables, y esto ayudará a facilitar las cosas en un futuro.

Si simplemente no tienes estómago para limpiar las glándulas anales de tu perro, puedes pagarle a tu peluquero o veterinario para que lo haga por ti.

Manchas de lágrimas

Los ojos llorosos causan manchas de lágrimas, una condición común en perros más pequeños. La raza Maltés sufre de esto, por lo que es natural que tu pequeño Maltipoo tenga el mismo problema. Estas manchas dejan el pelo alrededor de los ojos húmedo constantemente, haciendo que se manche.

A veces pueden extenderse alrededor de la boca y las patas, pero ese sería un caso extremo. Dejarán un color rojizo oxidado alrededor de los ojos. Pueden ser causadas por varios factores diferentes, incluidos los minerales en el agua potable, una infección por hongos o algo que irrita los ojos. También podrían ser alergias, mala calidad de los alimentos o conductos lagrimales obstruidos.

Agua potable: Muchos dueños de perros Malteses de exposición solo les dan agua destilada o embotellada, ya que el agua del grifo está llena de minerales que irritan a tu perro, haciendo que lagrimee.

El agua incluso podría contaminarse en su propio recipiente para beber.

¿Alguna vez has notado una acumulación viscosa que está debajo de la superficie del agua? Este se llama biopelícula, que son diferentes bacterias que se han unido en la sustancia viscosa que se adhiere a la superficie del plato de agua de tu perro. Esta sustancia es una mezcla de bacterias buenas y malas.

¿Pueden estas bacterias enfermar a tu perro?

Sí, pueden alterar el sistema de tu Maltipoo, causando manchas de lágrimas u ojos llorosos. También pueden generar malestar estomacal y diarrea. Potencialmente pueden enfermarte a ti, cuando recoges el recipiente y lo rellenas sin siquiera pensarlo. La mejor manera de evitar que se forme esa biopelícula es lavar el plato diariamente.

Cómo limpiar los platos de tu perro:

1. Lávalos con agua caliente y jabón una vez por día.
2. Usa un paño de cocina designado únicamente para los platos de tu perro.

3. Si tienes un lavavajillas, mét…elos al menos una vez a la semana para matar cualquier bacteria no deseada. Esto desinfectará los recipientes.

Cómo desinfectar los platos de tu cachorro sin un lavavajillas:

Opción 1:

Remoja los platos en una mezcla de dos partes de agua por una parte de lejía durante diez minutos. Enjuaga bien con agua.

Opción 2:

Usando las mismas cantidades de agua, bicarbonato de sodio y sal, mezcla para formar una pasta. Usala para fregar los recipientes. Enjuaga bien con agua.

Los mejores tipos de recipientes de agua y comida están hechos de acero inoxidable o cerámica. Los que son de plástico tienen tintes que pueden irritar a tu Maltipoo. Muchos dueños de Malteses y Maltipoos afirman que las manchas de lágrimas de sus cachorros eran de un color rojo brillante, causado por su plato de agua rojo. Lo mejor es siempre evitar el uso de platos de plástico.

Infecciones por hongos

Existe una posibilidad muy pequeña de que las manchas de lágrimas de tu Maltipoo estén siendo causadas por una infección por hongos en estas áreas. Es levadura roja y es inofensiva. Una ronda de antibióticos la eliminará en poco tiempo. Algunos veterinarios no consideran que sean un problema lo suficientemente serio como para abordarlo, pero si te preocupa, busca un nuevo veterinario que esté dispuesto a escuchar tus preocupaciones.

Irritación ocular

Muchas veces, hay un pelo o una pestaña que apunta hacia el ojo y está irritando el tejido, haciendo que lagrimee. Echa un vistazo de cerca a los ojos de tu Maltipoo para asegurarte de que no haya nada dentro de ellos.

También recorta el pelo regularmente alrededor de sus ojos; esto ayudará a prevenir lágrimas y ojos llorosos. Además, el pelo más largo es más propenso a atrapar bacterias y levaduras, lo que lleva a la irritación ocular.

¿Cómo puedes eliminar las manchas de lágrimas?

Puedes hacer una pasta aclaradora simple para aplicar diariamente hasta que las manchas desaparezcan.

Combina una cucharada de leche de magnesia, una cucharada de peróxido de hidrógeno y una cucharada de maicena; mezcla hasta formar una pasta espesa. Es posible que necesites agregar más almidón. Aplica cuidadosamente debajo de los ojos de tu Maltipoo, evitando que entre en los ojos. Usando un peine fino o un cepillo de pestañas, cepilla la mezcla lejos de los ojos, por las áreas manchadas. Déjalo reposar durante varias horas, o mejor aún, durante toda la noche. Retira la mezcla con un paño húmedo. Aplícalo una vez al día hasta que las manchas se hayan desvanecido. También puedes conseguir quitamanchas de lágrimas en la mayoría de las tiendas de suministros para mascotas.

Una solución casera simple que cambiará el nivel de pH de las lágrimas de tu perro y prevendrá las manchas es agregarle una cucharadita de vinagre de sidra de manzana orgánico al agua que bebe. Cuanto mayor sea la alcalinidad en las lágrimas, menos posibilidades tienen las bacterias y la levadura de crecer.

Antes de eliminar la mancha de lágrimas, se recomienda preguntarle a tu veterinario si hay alguna condición de salud que las cause. Algunas manchas son causadas por lesiones, infecciones, pestañas encarnadas u objetos extraños incrustados en el ojo.

Ejercicio

Todos los seres vivos necesitan ejercicio físico. Aunque tu Maltipoo pasará la mayor parte de su tiempo en tu casa, aún necesita hacer ejercicio tanto en interiores como en exteriores para mantenerse saludable.

El ejercicio mantiene su sangre fluyendo, los músculos en buena forma y su corazón fuerte. Además, tendrá un apetito saludable, dormirá mejor por la noche y mantendrá su peso bajo.

El ejercicio también promueve un buen comportamiento. Los estudios han demostrado que cuando un perro hace suficiente ejercicio, los problemas de comportamiento casi desaparecen. Los paseos regulares alrededor de la manzana ayudan a tu Maltipoo a liberar toda la energía extra que tiene; de lo contrario, esa energía se usará de manera negativa.

Ejercicio al aire libre

"Los Maltipoos no necesitan el ejercicio intenso que requieren los perros más grandes o "de trabajo". Les encantan los paseos y viajar, pero pueden arreglárselas corriendo por tu patio trasero".

Terry Schulte
valleypuppypaws.com

A tu Maltipoo le encantará estar al aire libre y jugar en el césped. Solo recuerda tener precaución con otros perros hasta que haya recibido todas sus vacunas.

Muchas personas piensan que los perros pequeños como los Maltipoos no necesitan ejercicio, pero sin importar su tamaño, todos deben hacerlo. No requerirán tanto como un perro más grande, ni podrán correr largas distancias, pero alguna forma de actividad diaria, sin importar su edad, es clave.

Dado que tu Maltipoo es pequeño, se deben tomar algunas precauciones antes de sacarlo. Los factores más importantes por considerar son el clima frío y caluroso.

Clima frío: Los Maltipoos pueden enfriarse muy rápido. En los días más fríos, asegúrate de ponerle un suéter para protegerlo. Esto es aún más importante si su pelaje es lacio y sedoso. Si la temperatura está por debajo de cero grados, limita su tiempo a veinte minutos a la vez.

A los perros Maltipoo les encanta jugar en la nieve, pero nunca los deje sin supervisión. En áreas nevadas, se utiliza un producto químico en las aceras y carreteras que derrite el hielo. Esta sustancia puede hacerle daño a las patas de tu Maltipoo.

Por esta razón, se recomienda que, durante la temporada de nieve, le pongas botines impermeables o cera en sus patas.

Clima cálido: Los perros Maltipoo tienen dificultades en el calor extremo. Para temperaturas superiores a treinta grados, sería prudente limitar el tiempo al aire libre a veinte minutos a la vez. Trata de sacarlo a pasear más temprano y más tarde en el día, cuando las temperaturas no son tan extremas.

Los perros Maltipoo son propensos a sobrecalentarse y eso puede llevar a una condición seria de agotamiento por calor o golpe de calor.

Cuando esté afuera, asegúrate de siempre llevar contigo agua para darle de beber. En la tienda local de mascotas, puedes comprar un recipiente de agua plegable que es fácil de transportar.

Las superficies y el pavimento pueden no parecer calientes para ti, pero tienes zapatos. Para tu Maltipoo, es como caminar sobre carbones ardientes y puede quemar sus patas. Se recomienda ponerle pequeños botines o usar cera.

¿Cuánto ejercicio necesita tu Maltipoo?

Los Maltipoos necesitan al menos treinta minutos de ejercicio al día. Se recomienda darle dos paseos de veinte minutos al día.

El ejercicio no solo significa paseos: puede ser jugar a atrapar, al escondite o cualquier actividad cardiovascular. Mantenerlo activo le ayuda a quemar el exceso de energía que podría resultar en mal comportamiento como ladrar o masticar tus muebles.

¿Puede pasearlo por largos periodos?

Esto depende del tipo y la duración del paseo. Normalmente, puedes sacar a pasear a los Maltipoos varias veces al día, hasta por treinta minutos. Pero sus pasos son diminutos en comparación con los nuestros. Mil pasos para nosotros serán muchos miles de pasos para ellos, por lo que pueden cansarse bastante rápido. No se recomienda ejercitarlo con intensidad, como correr largas distancias o subir colinas.

¿Cuál es el mejor momento para llevar a tu Maltipoo a pasear?

A todos los perros les encanta tener un horario regular, especialmente a los Maltipoos. Tienen un reloj interno, que les ayuda a recordar con precisión cuándo es hora de comer, ir al baño, dormir o jugar. Se decepcionan mucho cuando se cancela el ejercicio o el tiempo de juego.

Puedes establecer el horario que mejor funcione para sacarlo a pasear. Muchos consideran que un paseo por la mañana y otro después de la cena funciona mejor para ellos. Trata de evitar pasearlo cerca de la hora de acostarse, ya que estará muy emocionado y tendrá dificultades para dormirse.

Juegos de interior que tu Maltipoo adorará

Habrá días en que estar afuera más de cinco minutos será casi insoportable debido al frío o al calor. Pero tu Maltipoo puede quemar el exceso de energía jugando dentro de tu casa. Un juego que adoran es el escondite; podrían hacerlo durante horas. ¿Cómo puedes jugar al escondite con tu perro?

Muchos jugarán sin necesidad de juguetes, pero otros necesitan ver uno para comenzar a jugar. Cuando lo hagas, asegúrate de que tu cachorro vea dónde lo escondió, tal vez debajo del sofá o una pequeña almohada en el suelo. Luego actúa como si también lo estuvieras buscando; tu Maltipoo, muy inteligente, lo encontrará por ti. Luego elógialo mucho. Una vez que haya dominado esta parte del juego, puedes hacerlo más desafiante: haga que se siente lejos mientras escondes el juguete, o muéstraselo, y escóndelo en la otra habitación, luego pídele que lo encuentre.

Otro de sus favoritos es jugar con un cubo de hielo en el suelo de la cocina. Esto fascinará a tu cachorro hasta que se haya derretido por completo. Funciona genial para los días más calurosos y para cachorros que están dentando.

Cualesquiera que sean los juegos que decidas hacer con tu Maltipoo, dentro o fuera, asegúrate de que no tenga que saltar mucho, ya que son propensos a rótulas y articulaciones de cadera dislocadas.

CAPÍTULO SIETE
Necesidades alimenticias del Maltipoo

Los Maltipoos son perros con mucha energía a los que les encanta comer.

Cada célula de nuestro cuerpo se forma a partir de los alimentos que consumimos, lo que bebemos y el aire que respiramos. Literalmente, somos lo que comemos. La comida que ingerimos afecta cómo nos sentimos, nuestra apariencia, nuestro bienestar general, nuestra salud, estado de ánimo y peso. Por eso, muchos vemos la importancia de consumir alimentos integrales y evitar los procesados.

Tu Maltipoo va a comer lo que le des. Quizás le compres una bolsa de croquetas en el supermercado, sin pensarlo dos veces. Pero ¿es saludable? ¿Estás contribuyendo a que tu mascota esté sana o se enferme?

La forma en que alimentes a tu Maltipoo tendrá un efecto directo en su salud. Desde el primer día que lo llevaste a casa, te comprometiste a darle la mejor vida posible. Pero ¿cómo puedes ocuparte de sus necesidades nutricionales de la manera correcta?

En este capítulo, hablaremos sobre cómo darle la mejor alimentación a tu Maltipoo.

Necesidades nutricionales diarias

Tanto los humanos como los perros necesitan nutrientes básicos para sobrevivir. Los perros necesitan agua, proteínas, carbohidratos, minerales y vitaminas.

Los cachorros tienen un metabolismo más rápido que los Maltipoos adultos, por lo que sus necesidades nutricionales difieren. Los cachorros necesitarán comer con más frecuencia a lo largo del día porque sus estómagos son muy pequeños y no pueden contener mucha comida.

Durante los primeros dos años, es importante que reciba los nutrientes adecuados que aseguren el crecimiento óseo. Durante este período, tu Maltipoo crece muy rápido y quema muchas calorías. Por eso es tan importante que reciba la cantidad correcta de nutrientes, minerales y vitaminas necesarios para crecer fuerte y saludable. También hay que tener en cuenta que su necesidad dietética cambiará según su edad.

La comida que le des debe incluir:
1. Carbohidratos (que le otorgan energía)
2. Proteínas
3. Grasas (incluidos los ácidos grasos)
4. Vitaminas, minerales y micronutrientes

Foto cortesía de
Andrea Malachowski

Cuánto y cuándo

"Los Maltipoos pueden tener estómagos sensibles. Querrás evitar darle comida que sobró de tu almuerzo. Aliméntalo con croquetas naturales de buena calidad".

Renee Banovich
www.aTender1sPuppies.com

Si dependiera de los perros, estarían comiendo sin parar las veinticuatro horas del día, los siete días de la semana. Segundos después de devorar su propia comida, pueden estar babeando ante la idea de comer la comida de sus dueños. A la mayoría les encanta comer, y tu Maltipoo no es una excepción.

Los Maltipoos pueden sufrir muchas de las mismas dolencias que enfrentamos nosotros por comer en exceso. Sobrealimentarlo puede hacer que aumente de peso e incluso se vuelva obeso, lo que trae muchos otros problemas, como diabetes e insuficiencia cardíaca.

La cantidad que tu Maltipoo necesita comer cada día dependerá de su tamaño, edad, contextura, metabolismo y nivel de actividad física. Cada cachorro es único, y no todos requieren la misma cantidad de comida.

Un Maltipoo súper activo necesitará más calorías que uno sedentario. Además, se debe tener en cuenta el tipo de alimento: a mayor calidad, menos comida se necesitará; a peor calidad, más. De todas formas, evita llenar su plato todo el tiempo, ya que es seguro que tu perro subirá de peso.

¿Cómo saber si tu Maltipoo tiene sobrepeso?

Examínalo, primero ubica su cintura: no debería parecer un tronco ancho; sus hombros deberían ser más anchos y luego estrecharse hacia la cintura y la cadera. A continuación, coloca tus manos en su espalda con los pulgares en su columna vertebral, e intenta sentir su caja torácica. Deberías poder sentir las costillas sin presionar demasiado. En caso contrario, es hora de una dieta y más ejercicio.

Nunca lo alimentes desde la mesa, esto le enseña un mal comportamiento y lo alienta a mendigar y comer en exceso. Asegúrate de que todos en la familia sigan esta regla.

¿Con qué frecuencia debes alimentar a tu Maltipoo?

Se recomienda alimentar a los perros adultos dos veces al día, una vez por la mañana y otra por la noche, alrededor de tu hora de cenar. Esto ayuda a monitorear la ingesta diaria y a mantener su rutina sincronizada con la tuya.

Por otro lado, los cachorros deben tener varias comidas pequeñas al día hasta que estén entrenados para hacer sus necesidades, y luego tres o cuatro comidas al día hasta los nueve meses, ya que su metabolismo trabaja más rápido y necesitan más calorías.

Asegúrate de que siempre tenga acceso a agua fresca.

¿Cuánto debe comer tu Maltipoo?

La edad y el nivel de actividad lo determinarán. En la mayoría de las bolsas de comida para perros encontrarás una tabla que sugiere la porción correcta y puedes usarla como guía.

A continuación, hay una tabla que te dará una idea básica de la cantidad de comida que un perro pequeño debe recibir a diario. La cantidad puede diferir según la edad, el metabolismo y el nivel de actividad de tu Maltipoo. No olvides dividir la cantidad a la mitad, ya que los perros adultos comerán dos veces al día.

PESO	CANTIDAD DIARIA
2 kg	De 1/3 a 1/2 taza
3 kg	De 1/2 a 2/3 taza
5 kg	De 3/4 a 1 taza
10 kg	De 1 1/4 a 1 3/4 tazas

Comida comercial vs. casera

Han pasado varios años desde que se discontinuó el uso de melamina en el alimento para perros, y esto ha hecho que muchos empezaran a hacer la comida para sus mascotas en casa. La melamina es un químico industrial que puede causar cálculos renales, insuficiencia renal e incluso la muerte en animales y humanos. La Agencia Española de Seguridad Alimentaria y Nutrición (AESAN) no aprueba su uso en ningún producto alimenticio para consumo humano o animal.

Veamos una comparación entre la comida comercial y la comida casera para perros.

Las autoridades europeas de seguridad alimentaria requieren que los alimentos para mascotas sean "puros y saludables" y "seguros para su consumo", pero no necesitan una aprobación previa para comercializarse; lo que les da a las grandes compañías la libertad de poner cualquier tipo de ingrediente en sus alimentos para mascotas.

Es muy común ver la palabra "Subproductos" en la lista de ingredientes de algunos alimentos, que podrían ser animales enfermos triturados, sangre, picos y patas de pollo. Además, algunos indican que contienen vegetales, pero la mayoría usa rellenos como maíz o pulpa de remolacha, que no son saludables para su perro.

La normativa europea permite ciertos aditivos y conservantes que se consideran inseguros para el consumo humano, y son conocidos por causar problemas de salud serios como cáncer, insuficiencia renal, insuficiencia hepática, entre otros.

La única comida "saludable, pura y segura para el consumo de los animales" es la casera, porque sabemos lo que contiene y elegimos ingredientes de buena calidad que incluso comeríamos nosotros mismos.

Además, la comida hecha en casa se prepara fresca y luego se congela para que nuestra mascota la disfrute en la próxima semana o dos, no estará un año en un estante de supermercado. Por lo tanto, no es necesario el uso de aditivos ni conservantes artificiales.

Muchos alimentos comerciales para perros contienen rellenos que pueden ser maíz o soja, y no tienen ningún valor nutricional para tu Maltipoo. Además, su cuerpo no los absorbe porque han sido procesados tanto que ya no son realmente alimentos.

¿Por qué los fabricantes de alimentos usan rellenos? Los usan para aumentar el volumen de la comida. Además, hace que tu perro se sienta lleno, pero en realidad está lleno de un "alimento" que no contiene nutrientes, vitaminas o minerales.

Si decides comprar el alimento de tu perro en una tienda, lee la lista de ingredientes y pregúntate si tú lo comerías. Quieres darle lo mejor y eso no suele ser lo que está en oferta en el supermercado. Lo más probable es que tengas que buscar en una tienda para mascotas o hacer un pedido en línea.

Ventajas de elegir una marca de alimentos para perros saludables:

Busca en tu tienda para mascotas o en línea. Hay algunos alimentos comerciales de muy buena calidad que utilizan ingredientes frescos e integrales, y evitan el uso de químicos, conservantes y sabores artificiales.

- **Conveniencia:** No se necesita preparación ni limpieza. Solo tienes que ponerlo en el plato de tu Maltipoo, y ¡listo!, la cena está servida.

- **Entrenamiento:** Con el adiestramiento de obediencia, se utiliza bastante comida y es más fácil usar un premio comprado o croquetas secas que darle un puñado de estofado o papilla. Puedes mantener estos premios a temperatura ambiente y guardarlos en el bolsillo, para poder recompensarlo cada vez que haga algo bien.

- **Tranquilidad:** Darle comida casera puede generarte estrés y ansiedad, ya que no estás seguro si tu perro está recibiendo la cantidad de nutrientes necesarios para crecer y desarrollarse, y si se están satisfaciendo sus necesidades nutricionales diarias.

- **Rentabilidad:** El tiempo es dinero. No todos tenemos tiempo extra para hacer comida casera para nuestro perro. Además, solo será tan saludable y nutritiva como los ingredientes que usemos, y usar carnes magras y pollo orgánico puede ser más costoso.

Desventajas de elegir una marca comercial de alimentos para perros:

Esta lista se refiere a las marcas genéricas que encuentras en el supermercado y tienen una larga lista de ingredientes que ni siquiera puedes pronunciar.

- **Hinchazón:** Muchas marcas genéricas de alimentos para perros contienen rellenos que pueden hacer que tu Maltipoo se hinche. Si notas que sufre de hinchazón, podrías cambiar a un alimento húmedo o enlatado.

- **Aburrimiento:** Aunque tu perro solo tiene alrededor de 1700 papilas gustativas y nosotros más de 9000, puede ser aburrido comer lo mismo todos los días.

- **Ingredientes cuestionables:** Muchos de los ingredientes son rellenos, azúcar y animales triturados que podrían haber estado enfermos, y los saborizantes artificiales, químicos y conservantes pueden hacer que tu Maltipoo tenga graves problemas físicos y de comportamiento.

- **Obesidad:** Muchos perros sufren de obesidad, lo que lleva a otros problemas de salud. Es difícil controlar el peso de tu Maltipoo con un alimento comercial genérico, ya que muchos de los ingredientes son azúcares y grasas trans.

Ventajas de la comida casera:

- **Tranquilidad:** Sabes exactamente lo que le estás dando a tu Maltipoo, ya que eres el chef. Se hace fresco, por lo que los ingredientes no han perdido su valor nutricional. Además, controlas su exposición a químicos y otros aditivos dañinos.
- **Ingredientes limitados:** Si tu Maltipoo sufre de alergias alimentarias, puedes controlar su exposición a alimentos que puedan generarlas.
- **Rentabilidad:** Muchos no solo preparan las comidas de su perro al mismo tiempo que las de su familia, sino que usan los mismos ingredientes.

Desventajas de la comida casera:

- Preocupaciones sobre la nutrición diaria: A muchos les preocupa si su perro está recibiendo la cantidad correcta de nutrientes diarios en su dieta. Algunos estudios han demostrado que los perros alimentados con una dieta de comida casera sufren de deficiencias nutricionales.
- Vida útil: Debido a que todos los ingredientes son frescos, tienden a echarse a perder en poco tiempo y fomentan el crecimiento bacteriano y las enfermedades transmitidas por los alimentos.
- Costo: Dependiendo de los ingredientes que uses, puede resultar bastante costoso hacer la comida de tu Maltipoo.

La elección en última instancia es tuya, si decides comprar o hacer la comida para tu perro. Por eso, nunca dejes que alguien más te presione para hacer algo de lo que no estás cien por ciento convencido. Tu Maltipoo es tu responsabilidad y de nadie más; necesitas darle una dieta que funcione para ambos.

Cómo elegir un alimento comercial saludable para perros

¿Alguna vez te has tomado el tiempo de mirar la lista de ingredientes de la comida que le das a tu Maltipoo? La mayoría confiamos en la marca que elegimos y creemos que está lleno de ingredientes saludables.

Otros podrían haber crecido viendo a sus padres alimentar a sus perros con la misma marca y nunca estuvieron enfermos. Pero los tiempos han cambiado y muchas compañías intentan aumentar sus ganancias recortando gastos, usando rellenos y conservantes. Si ves uno de estos ocho ingredientes, es una señal de alerta para devolver la bolsa al estante y continuar buscando.

1. **BHA o BHT:** BHA es la abreviatura de hidroxianisol de butirato y BHT es la abreviatura de hidroxitolueno de butirato. ¿Por qué deberían evitarse? Ambos son conservantes utilizados para prolongar la vida útil de los alimentos, y se consideran dañinos porque se han relacionado directamente con problemas renales, cardíacos y con el cáncer.

2. **Subproductos cárnicos:** ¿Qué contienen los subproductos cárnicos? El único requisito de etiquetado de la FDA para los alimentos que contienen subproductos cárnicos es que sean de cualquier fuente animal. ¿Qué significa esto? Puede ser una mezcla de cualquier cosa, desde ojos, pezuñas, patas, picos, plumas, sangre, animales enfermos y cualquier otro tipo de desecho animal.

   Excepción: Solo compra el alimento si su envase especifica que los subproductos se han elaborado con vísceras de calidad apta para consumo humano, como hígados y riñones.

3. **Etoxiquina:** La etoxiquina es un pesticida, se usa como conservante en alimentos y ha sido prohibido para el consumo humano, ya que se ha relacionado directamente con el cáncer. Sin embargo, se usa en alimentos comerciales para perros que contienen harina de pescado. Un dato alarmante es que los fabricantes no están obligados a incluirla en la lista de ingredientes.

   Excepción: Cuando busques un alimento que contenga pescado, fíjate que se especifique que no contiene etoxiquina. Debería estar en el envase o en su sitio web. Si no lo aclara, lo más probable es que contenga, así que devuélvalo al estante.

4. **Maíz:** ¡Sí, maíz! El maíz se usa como un relleno barato que tiene casi ningún valor nutricional y puede contribuir al desarrollo de hongos o moho, lo que podría enfermar a tu Maltipoo.

5. **Galato de propilo:** También se llama Ácido Gálico y Éster de Propilo; este ingrediente se ha relacionado con enfermedades hepáticas y cáncer.

6. **Jarabe de maíz:** El jarabe de maíz, como sabemos, es súper dañino para nuestros perros y para nosotros. Se usa para endulzar y enmascarar el sabor de los químicos y subproductos. Es un ingrediente innecesario que no tiene absolutamente ningún valor nutricional. También puede hacer que tu perro se vuelva adicto al azúcar y los dulces, lo que lleva a un aumento de peso, diabetes, caries, problemas de comportamiento e hiperactividad.

7. **Soja:** La soja es otro relleno barato que se usa para aumentar el contenido de proteínas en alimentos de baja calidad. Se la ha relacionado con daños en el sistema endocrino.

8. **Colores y sabores artificiales:** Todos sabemos que los colorantes y saborizantes artificiales son perjudiciales, y lo son aún más para nuestros perros. Cualquier lista de ingredientes que tenga la palabra "artificial" se debe evitar, ya que han sido relacionados con el cáncer, problemas mentales y de comportamiento.

A largo plazo, vale la pena invertir en un alimento para perros de mayor calidad con ingredientes saludables y puros. Si sabes lo que les estás dando a tu Maltipoo, ahorrarás dinero y malos momentos en el futuro.

Foto cortesía de Valentina Hartman

Cómo elegir un alimento de buena calidad:

Cuando se trata de elegir un alimento para perros, las opciones parecen infinitas. Aquí hay algunos consejos para reducir tus opciones.

1. Fuente superior de proteínas: El ingrediente principal en la etiqueta debe ser una fuente única de proteína, como harina de pollo o harina de carne de res. Evita la harina de aves de corral o la harina de carne, que son vagas y seguro de menor calidad.

2. Fuente de carne entera como los primeros dos o tres ingredientes, por ejemplo: pollo, harina de pollo o carne de res, harina de carne de res. Una buena mezcla de proteínas cárnicas ayuda a completar los aminoácidos que necesita tu Maltipoo.

3. Granos y vegetales enteros, sin procesar: Cuanto más procesado esté el alimento, menos valor nutricional tendrá.

4. Fecha de caducidad: Mira la fecha de producción y la fecha de caducidad. Si tiene una vida útil de dos o más años, devuélvelo al estante y pasa a una marca diferente.

5. Lista de ingredientes: Cuanto más larga, más rápido debes alejarte de esa marca.

6. Comida enlatada para perros: La comida enlatada puede ser más cara, pero es una gran opción. Tiene el valor nutricional más alto y contiene cortes de carne de calidad. Suele contener muy pocos conservantes o químicos.

Cómo hacer una comida casera saludable para perros

Algunos optan por hacer su comida casera, pero también complementan con una marca comercial de calidad.

Al final de este capítulo, encontrarás algunas recetas de comida para perros que vale la pena probar. Las recetas que utilizan la olla de cocción lenta te ahorrarán mucho tiempo.

¿Cuáles son las proporciones de una buena receta para comida casera para perros?

- **40 - 50 por ciento proteína:** Aves de corral, carne de res, cordero, pescado o cerdo. Puedes agregar hasta un 10 por ciento de esto usando órganos como hígado o corazones. Asegúrate de que la carne que uses sea fresca y de buena calidad.

- **25 - 30 por ciento vegetales:** Asegúrate de que estén bien cocidos y picados; los perros tienen dificultad para digerir las verduras crudas.

Puedes usar judías verdes, zanahorias, guisantes, brócoli, espinaca y batatas.

- **25 - 30 por ciento almidón:** Arroz integral o blanco, avena o pasta. Si tu Maltipoo es intolerante al gluten, puedes usar pasta sin gluten.

Antes de hacer una nueva receta, asegúrate de que ninguno de los ingredientes de la lista sea tóxico para tu pequeño Maltipoo y que las proporciones se adecúen a las recomendaciones anteriores.

Consejos para hacer comida casera para perros

Aquí hay algunos consejos útiles:

1. Después de leer la información anterior, la mayoría querrá comenzar a alimentar a nuestro perro con comidas caseras de inmediato. ¡Pero no te apresures! Cambiar su dieta muy rápido puede causarle diarrea o malestar estomacal, hazlo de manera gradual mezclando la comida casera con la comercial. Elimina lentamente la comida procesada.

2. Encuentra un momento para preparar las comidas y pon todo en bolsas para congelar, en porciones apropiadas para tu perro. Al igual que cuando cocinas para tu familia, manipula los alimentos de forma segura, especialmente si usas carnes crudas.

3. Compra los ingredientes al por mayor para ahorrar dinero, así no terminarás gastando mucho más que si compraras comida comercial.

4. Compra ingredientes orgánicos y de alta calidad. La comida será tan saludable como los ingredientes que uses. Elige carnes de buena calidad y pollo orgánico, siempre que puedas.

5. Puedes preparar la comida casera en cantidad y luego congelarla en porciones diarias, así ahorrarás tiempo y energía.

6. Muchos también suplementan a sus Maltipoos con multivitamínicos. Pídele a tu veterinario que te recomiende alguno.

7. Un punto importante a tener en cuenta es el control de porciones. Aunque la comida casera es saludable y nutritiva, si sobrealimentas a tu cachorro puede aumentar de peso, lo que conducirá a problemas de salud futuros.

Para elegir la dieta casera adecuada para tu Maltipoo, observa cómo reacciona. ¿Se pone feliz al ver la comida? ¿Come con gusto? No importa cuán nutritiva sea una comida, si no le gusta, no va a comerla. Prepara comida que sea saludable y al mismo tiempo deliciosa.

Aquí hay una lista de alimentos que se suelen utilizar en la preparación de comida casera para perros:

- Huevos enteros

- Zanahorias (cocidas hasta que estén tiernas)
- Pollo, pavo, carne de res y cerdo sin grasa
- Avena
- Batatas
- Mantequilla de cacahuete
- Yogur natural
- Queso cottage
- Calabaza
- Manzanas (sin las semillas)
- Judías verdes
- Salmón

¿Por qué deberías hacer la comida de tu Maltipoo?

Hay muchas razones: es una forma más saludable de alimentar a tu perro, e incluso puede ser más económica. En los últimos años, ha salido a la luz que a la comida comercial se le agregan muchos aditivos peligrosos y subproductos.

Además, muchos perros están desarrollando enfermedades que, no solo son graves, sino que su tratamiento es muy costoso, como: intolerancia al gluten, intestino permeable, alergias, síndrome del intestino irritable, entre otros. Estos problemas de salud se han relacionado directamente con la dieta y la mayoría de los dueños notan una mejora rápida una vez que comienzan a darle comida casera, y en poco tiempo, estos problemas suelen desaparecer.

Alimentar a tu perro no es más difícil que alimentar a tu hijo: solo necesitas tener la información sobre cómo alimentarlo y qué no darle.

El motivo principal por el que muchos deciden hacer comidas caseras es porque aman a sus mascotas. Queremos que los miembros de nuestra familia tengan vidas largas y saludables, y lo mismo se aplica para nuestros amigos de cuatro patas.

Pregúntate:

- ¿Le darías a tu familia, en especial a los más pequeños, solo alimentos enlatados y procesados?
- ¿Harías que coman lo mismo todos los días?

La mayoría no consideraría hacer eso, porque sabemos que no es saludable. Entonces ¿por qué alimentaríamos a nuestros perros solo con comida procesada?

Es esencial para todas las especies comer alimentos frescos e integrales, y sería perjudicial que durante toda su vida solo se alimentaran de procesados y enlatados.

Estos alimentos comerciales procesados para perros fueron creados para nuestra conveniencia y se han popularizado gracias a la publicidad masiva. Podríamos comparar estas compañías con los establecimientos de comida rápida: son convenientes, pero ¿son saludables? ¿Cómo estaría nuestra salud si comiéramos allí todos los días? La respuesta es simple; necesitaríamos un médico lo antes posible.

Quizás tu estilo de vida no te permita hacerle comida casera a tu Maltipoo, pero intenta algunas de las recetas que te damos en este capítulo. ¡A tu perro les encantará!.

Alimentos que debes evitar

¿Qué alimentos nunca debe comer tu perro?

Hay ciertos alimentos que nunca debes darle, sin importar cuán ricos sean, ya que sus estómagos no pueden digerirlos, lo que le causará dolor o malestar; incluso, algunos pueden ser tóxicos.

Aquí hay una lista de alimentos que debes evitar:

- Chocolate: puede causar estragos en el sistema digestivo de tu Maltipoo, causándole vómitos y diarrea, y si llegara a consumir mucha cantidad puede generarle una insuficiencia cardíaca e incluso la muerte.
- El ajo, la cebolla, el puerro y la cebolleta son muy tóxicos para los perros. Pueden causar anemia, debilitamiento extremo y elevación de la frecuencia cardíaca, causando que colapse.
- La canela puede irritar el interior de la boca de tu perro, causando llagas. Además, le puede bajar el azúcar en la sangre, lo que llevaría a diarrea, vómitos y enfermedades hepáticas. Si la inhala en forma de polvo, puede causarle dificultad respiratoria.
- Las pasas y las uvas pueden provocar insuficiencia renal debido a que contienen una toxina que afecta al hígado y a los riñones.
- Las almendras, las nueces, las nueces de macadamia y las nueces de nogal son tóxicas para los perros: afectan su sistema nervioso y pueden desgarrar el esófago y la tráquea.
- La sal aumenta la retención de agua, lo que conduciría a enfermedades cardíacas e insuficiencia.
- El alcohol puede causar intoxicación, falta de coordinación, respiración deficiente, coma o la muerte.
- Los huesos cocidos se astillan cuando tu perro los mastica, y pueden lastimarle el esófago y la tráquea, por eso es mejor darle huesos crudos que son beneficiosos para su salud y sus dientes.

- El café tiene el mismo efecto que el chocolate.
- El maíz puede obstruir el intestino de tu perro y tendrá que pasar por una intervención quirúrgica.
- La levadura, por sí sola o en masa, puede causarle flatulencia y malestar; en grandes cantidades puede desgarrarle el estómago.
- El xilitol es un edulcorante que se usa en muchos alimentos; su consumo no tiene consecuencias para los humanos, pero es tóxico para tu perro. Una mínima cantidad puede hacer que convulsione y muera.
- El azúcar es tolerable, pero mucha puede llevar a la obesidad, problemas dentales y diabetes.
- Las ciruelas, los melocotones, las peras y los caquis pueden representar un peligro de asfixia. Además, las semillas de pera contienen arsénico, y el carozo del melocotón, cuando se metabolizan, se convierten en cianuro.
- El hígado se le puede dar si es poco, pero en grandes cantidades puede causar efectos adversos en los músculos y huesos de tu perro.
- Los aguacates contienen una toxina que les produce diarrea, vómitos y congestión cardíaca.

Es aconsejable asegurarse de que toda la familia entienda lo que el perro no puede comer. Esto evitará que alguien le dé a escondidas un premio que podría causarle daños graves o incluso la muerte.

La lista anterior solo muestra aquellos alimentos que podrían ser tóxicos para la mayoría de los perros, si tienes dudas sobre uno en particular que no está en la lista, consulta con tu veterinario antes de dárselo a tu perro.

Recetas de comidas para tu Maltipoo

Aquí hay una selección de recetas saludables para tu cachorro Maltipoo.

RECETA DE PAVO O POLLO QUE TU PERRO NO PODRÁ RESISTIR

Tu cachorro se volverá loco con esta delicia.

INGREDIENTES

- 1 1/2 tazas de arroz natural sin cocer
- 1 cucharada de aceite de oliva
- 1,4 kg de pavo o pollo molido
- 3 tazas de espinacas enjuagadas y finamente picadas

- 2 zanahorias grandes ralladas
- 1 calabacín mediano rallado, o 1 taza de calabaza rallada
- 1/2 taza de guisantes congelados
- 1/2 taza de caldo de pollo o pavo sin sal

PREPARACIÓN

1. Cocina el arroz en una olla grande según las instrucciones del paquete. Resérvalo.
2. En otra olla, cocina el pavo o pollo molido en el aceite hasta que esté completamente cocido.
3. Agrega el resto de los ingredientes y cocina juntos a fuego lento hasta que el caldo se haya evaporado casi por completo y las verduras estén completamente cocidas, por unos 10 minutos.
4. Agrega el arroz y mezcla bien. Deja enfriar.

ESTOFADO DE CARNE

Esta será una de las comidas favoritas de tu Maltipoo, se estará relamiendo incluso antes de que le sirvas el plato.

INGREDIENTES

- 450 g de carne para estofar picada
- 1 batata pequeña precocida y picada
- 1/2 taza de zanahorias precocidas y cortadas en cubitos
- 1/2 taza de judías verdes precocidas y cortadas en cubitos
- 1/2 taza de harina (o 1/4 taza de maicena, si tu perro es intolerante al gluten)
- 1/2 taza de aceite de oliva

PREPARACIÓN

1. En una olla grande, cocina la carne con 1 cucharada de aceite de oliva hasta que esté dorada, aproximadamente de 10 a 15 minutos.
2. Retira la carne de la olla, reservando el líquido que soltó. Agrega la harina y el resto del aceite de oliva a la olla. Revuelve todo a fuego lento hasta que se forme una salsa espesa. (Si usas maicena, primero mezcla una pequeña cantidad en agua fría).
3. Agrega la carne y las verduras precocidas. Revuelve hasta que todo esté cocido.
4. Sirve frío.

RECETA DE COMIDA CRUDA

La comida cruda es de fácil digestión y súper nutritiva.

INGREDIENTES

- 1,1 kg de carne de solomillo de buena calidad finamente picada
- 115 g de hígado de pollo
- 1 zanahoria finamente rallada
- 1 manzana pequeña sin corazón
- 1/2 taza de espinacas enjuagadas
- 2 huevos enteros
- 1/2 taza de yogur natural o queso cottage
- 1 cucharada de semillas de lino
- 1 cucharada de aceite de oliva

PREPARACIÓN

1. Procesa la zanahoria, la manzana y las espinacas hasta que todo esté finamente picado.
2. Agrega los ingredientes restantes, excepto la carne. Procesa de nuevo hasta que todo esté picado y bien mezclado.
3. Pon todos los ingredientes en un tazón grande junto a la carne picada. Mezcla bien, usando las manos.
4. Forma hamburguesas. Colócalas sobre papel manteca y ponlas en el congelador hasta que estén sólidas. Guárdalas en una bolsa para freezer con cierre hermético.
5. La noche antes de que se las des a tu cachorro, saca la cantidad de hamburguesas que necesites y descongélalas en el refrigerador.

CHILI PARA PERROS

Tu Maltipoo amará esta comida, está llena de proteínas que lo ayudará a mantenerse saludable y en forma.

INGREDIENTES

- 4 pechugas de pollo orgánico
- 1 taza de frijoles rojos sin sal escurridos
- 1 taza de frijoles negros sin sal escurridos
- 1 taza de zanahorias finamente cortadas en cubitos o ralladas
- 1/2 taza de pasta de tomate
- 4 tazas de caldo de pollo sin sal

PREPARACIÓN

1. Corta el pollo en trozos pequeños.
2. Colócalo en una sartén y cocina a fuego medio con aceite de oliva.
3. Mezcla todos los ingredientes en una olla grande. Lleva a ebullición y que hierva durante 10 minutos o hasta que las zanahorias estén tiernas.
4. Apaga el fuego y deja enfriar. Congela en porciones .

POLLO EN OLLA DE COCCIÓN LENTA

Esta será una de tus preparaciones favoritas, es fácil y rápida de hacer, además de que a tu perro le encantará.

INGREDIENTES

- 1,1 kg de muslos y pechugas de pollo sin hueso y sin piel
- 1 batata grande cortada en trozos pequeños
- 2 tazas de guisantes congelados
- 2 tazas de judías verdes congeladas
- 1 manzana grande sin corazón cortada en trozos pequeños
- 1 lata de frijoles rojos sin sal escurridos
- 2 cucharadas de aceite de oliva

PREPARACIÓN

1. Coloca el pollo en la olla de cocción lenta y agrega agua hasta que esté apenas cubierto. Luego agrega la batata, las zanahorias, los frijoles rojos, las judías verdes y la manzana.
2. Cocina a fuego lento durante 8-9 horas; cuando esté casi listo, agrega los guisantes congelados. Cocina por 30 minutos más.
3. Escurre el exceso de líquido; agrega el aceite de oliva y aplasta con una cuchara, rompiendo los trozos de pollo.
4. Deja enfriar. Sirve en porciones y congela en bolsas herméticas. Descongela en el refrigerador durante la noche antes de servir.

CERDO EN OLLA DE COCCIÓN LENTA

En el momento en que le pongas en el plato esta comida deliciosa, tu cachorro vendrá corriendo.

INGREDIENTES

- 1,4 kg de solomillo de cerdo
- 2 ñames grandes cortados en trozos
- 1 bolsa de guisantes congelados
- 2 manzanas peladas sin corazón

- 1 lata de frijoles rojos sin sal escurridos
- 3 cabezas de brócoli en trozos pequeños
- 2 tazas de espinacas enjuagadas finamente picadas

PREPARACIÓN

1. Coloca la carne en la olla de cocción lenta; agrega agua hasta que esté apenas cubierta.
2. Agrega los ñames, las manzanas, las zanahorias, el brócoli y los frijoles. Cocina a fuego lento durante 7-8 horas o a fuego alto durante 5-6 horas; agrega los guisantes congelados cuando esté casi listo. Cocina por 30 minutos más.
3. Agrega las espinacas finamente picadas justo al final y cocina 10 minutos más o hasta que las espinacas estén cocidas. El cerdo debería deshacerse fácilmente. Aplasta los ingredientes juntos.
4. Deja enfriar. Sirve porciones individuales en bolsas herméticas y congela. Descongela durante la noche en el refrigerador antes de servir.

PASTEL DE CARNE

¿A quién no le gusta un buen pastel de carne clásico? Tu cachorro no será una excepción: querrá comerla todos los días.

INGREDIENTES
- 450 g de carne molida magra
- 2 huevos
- 1 1/2 tazas de avena
- 1/2 taza de queso cottage
- 1 1/2 tazas de verduras congeladas mixtas

PREPARACIÓN

1. Precalienta el horno a 180°C.
2. Mezcla bien todos los ingredientes usando tus manos. Presiona la mezcla en un molde para pan previamente engrasado.
3. Hornea durante 40 minutos o hasta que esté listo.
4. Deja enfriar. Corta en rebanadas para servir fácilmente y luego al congelador.

Snacks caseros para tu Maltipoo

A todos nos encanta la comida chatarra y darnos un gusto de vez en cuando, pero nos damos cuenta de que la mayoría de los snacks en el mercado hoy en día están repletos de químicos, grasas trans y son altos en calorías. La mayoría nos tomamos el tiempo para leer la lista de ingredientes antes de decidir comer, y evitamos aquellos productos con ingredientes raros.

Muchos padres optan por hacer snacks caseros para sus hijos como una forma de asegurarse de que coman saludable. Pero ¿qué pasa con los premios que compras para tu Maltipoo? ¿Deberías ser más cuidadoso con lo que eliges?

Como ya hemos aprendido, muchos alimentos comerciales para perros usan rellenos, azúcar y conservantes. Los premios no son una excepción; de hecho, los fabricantes tienden a recortar aún más gastos, porque no hay requisitos dietéticos. Muchas marcas usan fructosa, glucosa y otros edulcorantes que pueden ser perjudiciales para tu cachorro.

Hay algunas opciones de galletas y premios que son de muy buena calidad, solo tienes que investigar antes de comprar. Pero si tienes el tiempo y te gustaría hacer tus propios premios, aquí hay una lista con recetas rápidas y fáciles que tu Maltipoo amará.

PREMIOS DE TOCINO Y MANTEQUILLA DE CACAHUETE

El tocino y la mantequilla de cacahuete son un manjar para todos los perros. ¡Tu cachorro te pedirá más!

INGREDIENTES

- 1 taza de mantequilla de cacahuete cremosa sin sal y sin azúcar
- 3/4 taza de leche
- 1 huevo
- 2 tazas de harina integral o un sustituto sin gluten
- 1 cucharada de polvo de hornear
- 1/3 taza de avena
- 3 tiras de tocino cocidas picadas en trozos pequeños

PREPARACIÓN

1. Precalienta el horno a 165°C. Engrasa ligeramente tus bandejas para galletas.
2. En un tazón, mezcla la mantequilla de cacahuete, la leche, la avena y los huevos hasta que estén completamente integrados.
3. Agrega la harina, el polvo de hornear y los trozos de tocino. Mezcla un poco. Será una masa dura y es posible que la tengas que amasar para terminar de integrar bien todos los ingredientes.
4. En una encimera enharinada, extiende la masa hasta que tenga aproximadamente 1 cm de grosor. Corta con un cortador de galletas en forma de hueso (o cualquier forma que te guste). Asegúrate de que las galletas no sean más grandes de 3 cm. Colócalas en la bandeja.

5. Hornea durante 18 a 20 minutos, luego sácalas y voltea cada galleta en la bandeja. Vuelve a colocar en el horno durante unos 10 minutos más o hasta que estén doradas. Quedarán crujientes y durarán mucho tiempo, además serán buena para los dientes de tu Maltipoo.

6. Deja enfriar. Almacena a temperatura ambiente durante una semana o en congelador hasta por 3 meses.

HELADO CASERO

Durante el verano, será el premio preferido de tu Maltipoo.

INGREDIENTES

- 1 litro de yogur natural
- 2 plátanos maduros
- 1/2 taza de mantequilla de cacahuete cremosa sin azúcar y sin sal

PREPARACIÓN

1. Combina todos los ingredientes en un procesador de alimentos hasta que quede una pasta suave.

2. Coloca en recipientes pequeños (como una cubetera de hielo) y al congelador.

3. Sácalos de la cubetera y resérvalos en una bolsa hermética.

TIRAS DE POLLO O CARNE TIPO JERKY

Este será uno de los snacks favoritos de su cachorro, especialmente en la etapa de dentición.

INGREDIENTES

- 900 g de pechugas de pollo o carne de buena calidad
- Aceite, cantidad necesaria

PREPARACIÓN

1. Precalienta el horno a 95°C.

2. Corta el pollo o la carne en tiras largas y delgadas, cuanto más delgadas mejor.

3. Engrasa una rejilla con una bandeja debajo. Coloca las tiras de pollo o carne en la rejilla, dejando espacio entre cada una para que puedan secarse bien.

4. Cocina en el horno durante aproximadamente 2 horas, luego voltéalas y cocina de unos 30 minutos a una hora más o hasta que estén secas. Las piezas más gruesas tardarán más.

5. Guarda en el refrigerador o congela.

SNACKS PARA CACHORROS SIN HORNEAR

Esta es una receta perfecta para esos días calurosos de verano cuando no tienes ganas de encender el horno.

INGREDIENTES

- 3/4 taza de mantequilla de cacahuete cremosa sin sal y sin azúcar
- 2 plátanos maduros aplastados
- 1 1/4 tazas de avena

PREPARACIÓN

1. Cubre una bandeja para galletas con papel film y reserva.
2. En un tazón, mezcla todos los ingredientes hasta que estén completamente integrados.
3. Forma bollos de aproximadamente 2 cm de diámetro. Colócalos en la bandeja para galletas.
4. Enfría los bollos en el refrigerador durante 1-3 horas o hasta que estén firmes. Guárdalos en una bolsa con cierre hermético en el congelador.

PREMIOS DE PLÁTANO Y ZANAHORIA

Estas galletas no solo son ricas, sino súper saludables para tu Maltipoo.

INGREDIENTES

- 1 taza de harina integral (o un sustituto sin gluten de Tu elección)
- 1 taza de avena
- 1 plátano maduro aplastado
- 2 zanahorias finamente ralladas
- 2 cucharadas de aceite de oliva
- 1 cucharada de azúcar moreno
- 1 cucharada de perejil picado
- 1 huevo

PREPARACIÓN

1. Precalienta el horno a 180°C.
2. Coloca todos los ingredientes en un tazón y mezcla hasta que estén completamente integrados.
3. En una superficie enharinada, extiende la masa hasta que tenga aproximadamente 1,3 cm de grosor.
4. Dale la forma que quieras con un cortador de galletas.
5. Colócalas en una bandeja para galletas engrasada.
6. Hornea durante 30 minutos o menos, dependiendo del tamaño.

7. Para una galleta más suave, sácalas del horno después de hornear. Si las quieres más crujientes, déjalas 30 minutos más con el horno apagado.

8. Deja enfriar. Guarda a temperatura ambiente durante una semana o en el congelador durante 3 meses.

GALLETAS RELLENAS DE MANTEQUILLA DE CACAHUETE

A tu cachorro le encantará este snack. Es un poco más laborioso de hacer, por lo que puede ser para una ocasión especial.

INGREDIENTES

- 1 1/4 tazas de harina (o un sustituto sin gluten de tu elección)
- 1/2 cucharadita de polvo de hornear
- 1/2 taza de mantequilla de cacahuete cremosa sin sal y sin azúcar
- 1 huevo
- 2 cucharadas de miel
- 1/2 taza de leche
- Cantidad necesaria de mantequilla de cacahuete para unir las galletas

PREPARACIÓN

1. Precalienta el horno a 180°C.

2. Coloca todos los ingredientes en un tazón (excepto la mantequilla de cacahuete para unir las galletas)

3. Mezcla todo hasta que esté completamente integrado.

4. En una superficie enharinada, extiende la masa hasta que quede con un grosor de 2,5 cm. Corta en las formas y tamaños deseados. Colócalas en una bandeja para galletas aceitada.

5. Hornea durante 10 a 12 minutos o hasta que tengan un color uniforme. Déjalas enfriar.

6. Colócalas en una bolsa hermética y al congelador. Cuando quieras darle una a tu Maltipoo, úntale un poco de mantequilla de cacahuete y únela con otra galleta.

7. Se recomienda unir las galletas justo antes de servir para evitar que se ablanden.

CAPÍTULO OCHO
El Maltipoo y su salud

Dado que el Maltipoo es una raza relativamente nueva, no existen muchas enfermedades asociadas a ellos. Sin embargo, tienen algunas condiciones recurrentes relacionadas con su ascendencia de Caniche y Maltés. En este capítulo analizaremos algunos de estos problemas.

Ser consciente de estas enfermedades puede ayudarte a prevenirlas, y si llegaran a presentarse, podrás reconocer los síntomas a tiempo y llevar a tu Maltipoo al veterinario para una revisión.

Ante cualquier duda, llama a tu veterinario sobre cualquier pregunta o preocupación que puedas tener acerca de su salud, es mejor prevenir que curar. Debido a su tamaño, los Maltipoos son muy delicados, y cuando enferman, su condición puede deteriorarse en poco tiempo.

Cuando llamar a tu veterinario:

- Cambio de temperamento: Si notas cambios en el apetito o en sus niveles de energía (letargo).
- Cojera: Puede que favorezca una pata sobre otra, presente una cojera, o se niegue a ponerse de pie, incluso cuando se le ofrece un premio.
- Dificultad para respirar: Si parece estar atragantándose o no puede respirar, revisa sus vías respiratorias y llama a tu veterinario.
- Salivación excesiva: Algunos perros babean mientras observan a las personas comer; la salivación excesiva es cuando tu perro babea sin razón aparente y no se detiene.
- Condiciones neurológicas: Tu Maltipoo por lo general está alerta y responde a estímulos. Un signo de problemas neurológicos es cuando se desorienta, no responde, está descoordinado, letárgico o incluso entra en coma.
- Convulsiones: Pueden manifestarse como temblores incontrolables, estremecimientos, pérdida de conciencia y posible pérdida del control intestinal.
- Exposición a tóxicos: Si sabes que tu perro estuvo expuesto a alguna sustancia o a un alimento tóxico para los perros, llévalo de inmediato con un profesional.
- Vómitos y diarrea: Si los vómitos y la diarrea continúan por más de 24 horas, llama a tu veterinario.

- Abdomen distendido o dolor abdominal: Si notas que tiene arcadas secas, náuseas, debilidad, colapso y problemas para respirar, es probable que esté sufriendo de dilatación gástrica. Es más común en perros grandes, pero ocasionalmente ocurre en perros pequeños. Este es un problema potencialmente mortal si no se trata.

- Problemas urinarios: Si notas que intenta orinar, pero no puede, podría tener una obstrucción urinaria.

Esta es solo una lista de algunos problemas de salud que podrían justificar una visita de emergencia al consultorio. Si notas algo raro, no dudes en llamar.

Foto cortesía de
Lisa Lynch

Vacunaciones

"Es muy importante que el veterinario examine a tu cachorro dentro de los primeros días después de llevarlo a casa. Él debe verificar que esté sano e informarte qué vacunas serán necesarias, antes de que puedas exponerlo a otros perros."

Rebecca Posten

riversidepuppies.biz

Tu veterinario puede explicarte el calendario de vacunación. Te entregarán un pequeño manual con la edad de tu perro, un cronograma de cuándo debe recibir cada vacuna y la duración de la inmunidad.

Las vacunaciones se dividen en dos categorías diferentes: las "vacunas esenciales", que son vacunas que todos los perros deberían recibir, y las "vacunas no esenciales", que solo se recomiendan para ciertos perros en determinadas regiones.

A continuación, se detalla un calendario típico de vacunación para perros. La mayoría de los veterinarios envían recordatorios a sus clientes antes de que sea el momento de las vacunas.

CALENDARIO DE VACUNACIÓN PARA PERROS	
Edad	**Vacunación**
5 semanas	**Parvovirus:** Los cachorros tienen un riesgo alto de contraerlo.
6 y 8 semanas	Vacuna combinada: comúnmente llamada vacuna quíntupla contra la tos por adenovirus, hepatitis, moquillo, parainfluenza y parvovirus; puede contener contra leptospirosis y coronavirus.
12 semanas	**Rabia:** varía según la legislación de cada estado.
12 y 15 semanas	**Vacuna combinada:** contiene leptospirosis, coronavirus y enfermedad de Lyme.
Adulto (refuerzos)	**Vacuna combinada:** contiene leptospirosis, coronavirus, enfermedad de Lyme and rabia.

Si planeas llevar a tu Maltipoo a una residencia canina o a una guardería, es aconsejable ponerle la vacuna contra la tos de las perreras. Esta es una tos seca muy contagiosa que se propaga en áreas donde hay muchos perros, incluso puede contraerla en la peluquería.

Para más detalles acerca de la vacunación, habla con tu veterinario.

Castración y esterilización

Lo más probable es que estés adquiriendo tu cachorro como mascota de compañía y no para criar. Los Maltipoos de segunda generación no tienen las mismas cualidades que los de primera generación, y dado que no es una raza registrada, no hay mucho beneficio en criarlos. Por lo tanto, la mayoría decide esterilizarlos o castrarlos.

Estos son procedimientos simples realizados por tu veterinario, que eliminan la capacidad de reproducción de tu perro. Son operaciones muy rápidas, sencillas y comunes para los perros.

Ventajas de castrar a tu Maltipoo macho:
- Menos agresivo
- Menos inclinado a marcar su territorio
- Menos competitivo
- Más propenso a formar un vínculo estrecho con su humano
- Menos territorial

Ventajas de esterilizar a tu Maltipoo hembra:
- No entra en celo
- Menos nerviosa
- Ladra y llora menos
- Sin embarazos no deseados

Ventajas para ambos:
- Menos agresivos
- Más tranquilos y menos hiperactivos
- Menos propensos a escapar
- Más obedientes

Los estudios han demostrado que aquellos perros que han pasado por estos procedimientos tienen un menor riesgo de cáncer que el resto.

¿Qué es la castración? La castración es un procedimiento realizado por un cirujano veterinario licenciado. La operación hará que su perro macho no pueda reproducirse.

En la castración se remueven los testículos quirúrgicamente, dejando un saco escrotal vacío. Con el tiempo, este saco reducirá su tamaño hasta que ya no sea perceptible.

¿Cuándo debería ser castrado mi Maltipoo macho? Se recomienda castrar a los perros antes de los seis meses para evitar que aumenten de peso, sino tienden a tener obesidad cuando crecen.

También será menos propenso a escapar si la operación se realiza antes de los seis meses. De lo contrario, con la testosterona ya acumulada en su interior intentará huir en busca de una hembra para poder aparearse.

Los machos no castrados tienen la tendencia a rociar su orina alrededor de su espacio vital, es decir tu casa. Lo hacen para marcar su territorio; un perro castrado no lo hará.

¿Qué es la esterilización? La esterilización es para hembras, e implica un procedimiento simple realizado por un cirujano veterinario licenciado. Este procedimiento evitará que tu perra quede preñada y detendrá sus ciclos regulares de celo.

Esta cirugía es un poco más complicada que la castración, ya que implica la extirpación de los ovarios y el útero mediante una pequeña incisión en el abdomen.

¿Cuándo deberías esterilizar a tu Maltipoo hembra? Los veterinarios sugieren que el mejor momento es entre los cuatro y seis meses, pero puede hacerse más tarde sin efectos secundarios.

Foto cortesía de Joanna Howard

Tanto la esterilización como la castración requieren anestesia general.

Estos procedimientos no afectarán la personalidad de tu perro, ni te guardará rencor; todo será tal cual era antes de la operación. Lo máximo que podría suceder es que se suavicen sus rasgos de personalidad desfavorables, como la agresividad.

Elegir castrar o esterilizar a tu Maltipoo es una decisión personal, por eso habla con tu veterinario si tienes alguna duda o inquietud.

Preocupaciones de salud futuras y cómo evitarlas

"Asegurarse de que tu Maltipoo haga suficiente ejercicio, mantenga un peso saludable y tenga una buena higiene bucal extenderá su esperanza de vida."

Rebecca Posten
riversidepuppies.biz

A continuación, encontrarás una lista de enfermedades comunes que afectan a los Maltipoos, lo cual no significa que el suyo las padecerá. Es una enumeración a modo informativo para que tomes conciencia de su existencia y puedas prevenirlas.

Síndrome del Perro Tembloroso Blanco: Síndrome del temblor blanco: este síndrome afecta tanto a los Malteses como a los Caniches, y por razones obvias tu Maltipoo puede padecerlo. Por lo general, se manifiesta cuando su cachorro tiene aproximadamente seis meses de edad.

Síntomas: temblores en todo el cuerpo, falta de coordinación y movimiento rápido de los ojos.

No le genera dolor y no modificará su personalidad. Sin embargo, le provocará un ataque de pánico la primera vez que ocurra. Normalmente sucede cuando un perro se emociona demasiado o está estresado. Si no estás seguro de si tu perro lo tiene, intenta grabar uno de los episodios y muéstraselo a tu veterinario.

Epilepsia: sucede cuando tu Maltipoo tiene una convulsión.

Síntomas: temblores incontrolables durante unos segundos o más. Podría ser hereditaria, aunque no hay evidencia científica que lo demuestre.

La epilepsia no puede curarse, pero puede tratarse eficazmente con medicamentos. Un Maltipoo con epilepsia puede vivir una vida larga y feliz sin complicaciones, si recibe el cuidado adecuado.

Luxación de rótula: o "rótula desplazada". Es un problema común para todos los perros pequeños. Sucede cuando las partes de la rótula, (el fémur, la rótula y la pantorrilla) no están bien alineadas y la pata queda con cierta flacidez. Es un defecto de nacimiento, pero no se presenta hasta la adultez del perro. El roce de los huesos desalineados puede provocar artritis o enfermedad articular degenerativa.

Síntomas: Caminar con cojera o dando saltitos sobre una de las patas. En casos graves, se debe operar.

Es más común en perros pequeños y puede ser resultado de malas prácticas de cría.

Shunt hepático: ocurre cuando hay un flujo anormal de sangre entre el hígado y el cuerpo. Esto se convierte en un problema porque el hígado es responsable de desintoxicar el cuerpo, metabolizar los nutrientes encontrados en los alimentos y otras funciones. Los signos de esta enfermedad aparecen alrededor de los dos años.

Síntomas: anomalías neuroconductuales (como falta de equilibrio), falta de apetito, hipoglucemia, problemas estomacales y crecimiento atrofiado.

Tu veterinario podría recomendar cirugía correctiva o una dieta especial.

Atrofia progresiva de retina: este es un trastorno ocular degenerativo hereditario que eventualmente causará ceguera. Pueden pasar años antes de que comience a quedarse ciego.

Pídele a tu veterinario que realice una prueba simple para determinar si tu perro tiene esta enfermedad. La buena noticia es que pueden usar sus otros sentidos cuando se quedan ciegos y aun así vivir una vida feliz y plena.

Los buenos criadores certifican anualmente a sus perros reproductores y no crían a los que portan esta enfermedad.

Enfermedad de Legg-Calvé-Perthes: este es un problema común para los perros toy. El suministro de sangre al hueso de la cadera disminuye y la cabeza de dicho hueso que se conecta con la pelvis comienza a desintegrarse.

Síntomas: cojera y rigidez en los músculos de las patas; se manifiestan entre los cuatro y seis meses.

Esta condición puede corregirse con cirugía y el pronóstico es muy positivo. La mayoría de los perros casi no presentan cojera, y si lo hacen, solo cuando cambia el clima.

La mayoría de estos problemas de salud son hereditarios, así que antes de comprar a tu Maltipoo, investiga bien si sus progenitores sufren de alguno. Ambos deberían tener un certificado de la Fundación Ortopédica para Animales para la rótula (rodillas) y un certificado de la Fundación del Registro Ocular Canino que certifique que sus ojos están sanos.

Además, busca un criador que comience a criar perros luego de que tengan dos o tres años, ya que muchas de estas enfermedades se manifiestan después de esa edad.

Cómo elegir un buen veterinario

El día que llevas a tu pequeño Maltipoo a casa te propones amarlo y cuidarlo por el resto de su vida. ¡Es una gran responsabilidad! Tu cachorro dependerá de ti para todas sus necesidades básicas, incluida la atención médica. ¿Cómo puedes elegir un buen veterinario?

Antes de hacerlo, haz una lista de preguntas o inquietudes que tengas. También puedes preguntar al refugio local, criadores y otros dueños de perros por referencias.

Asegúrate de que el veterinario esté aprobado por la Asociación de Hospitales de Animales (equivalente a la Asociación Americana de Hospitales de Animales). Muchas clínicas de animales no están aprobadas, pero esta membresía garantiza un cierto nivel de atención médica para tu Maltipoo.

Si ya conociste al veterinario para tu Maltipoo, ¿tiene vibras positivas? ¿Parece amar a los animales o solo los soporta?

Un buen veterinario debe tener algunos equipos básicos, como rayos X, ultrasonido, bombas IV y aparatos para medir la presión arterial y ocular, y también poder realizar pruebas básicas de laboratorio. Averigua si hay especialistas trabajando en la clínica.

¿Los miembros del personal parecen capacitados y profesionales? ¿Quieren a los animales o solo los toleran? Son cosas que debes saber, ya que dejarás a tu cachorro en sus manos y debes darle lo mejor.

Algo muy importante, fíjate que el veterinario esté disponible a todas horas, en caso de emergencia.

CAPÍTULO NUEVE

Problemas comunes de comportamiento

DLos perros no nacen siendo malos. Al igual que los humanos, son influenciados por su entorno y sus interacciones con otros, y pueden moldearlos de manera positiva o negativa.

Una mala crianza y un mal adiestramiento pueden generar casi todos los problemas de comportamiento canino.

Cómo evitar que tu Maltipoo desarrolle malos hábitos

"Los Maltipoo pueden ser consentidos por su apariencia tierna y su tamaño. El ladrido puede convertirse en un problema si no lo controlas desde el principio".

Renee Banovich
www.aTender1sPuppies.com

Debes comunicarle con claridad a tu perro lo que se espera de él. Además, ese mensaje debe ser coherente. No puedes decir "no" un día y al siguiente "sí". Tu Maltipoo es muy inteligente, pero si no eres constante con su adiestramiento, solo lo confundirás.

Además, sin darte cuenta, podrías estar reforzando comportamientos negativos, y solo debes recompensarlo por el positivo, así repetirá más uno que el otro.

Recuerda que una gran mayoría de perros de entre uno y dos años terminan en refugios o abandonados debido a estos malos hábitos. Es cuando la ternura se desvanece y el comportamiento se vuelve muy frustrante para el dueño.

Al aplicar estos sencillos pasos ahora, evitarás el mal comportamiento y el sufrimiento más adelante. Esto conducirá a una vida larga y feliz con tu nuevo mejor amigo, tu Maltipoo.

Saltar

¿Alguna vez has entrado en una casa y te recibió un perro demasiado amistoso que no deja de saltarte encima? Es bastante molesto, en especial si te enganchan la ropa.

Seguro no querrás que tu Maltipoo se comporte así, por eso hay que evitarlo desde el principio. Si ya salta, tendrás que evitar que se convierta en un hábito. Pero, por suerte, es muy fácil de corregir.

Cómo evitar que tu Maltipoo salte:

Foto cortesía de Amy Isett

1. Ignóralo mientras está saltando, y solo elógialo y recompénsalo cuando no lo esté haciendo.

2. Nunca lo acaricies cuando esté saltando, ya que es un tipo de elogio y solo reforzará este comportamiento.

3. Una vez que veas que tiene las cuatro patas en el suelo, dale una golosina.

4. Si le has enseñado a tumbarse, dale esa orden y luego dale una golosina y elógialo.

5. Repite los tres primeros pasos hasta que deje de saltar sobre ti u otras personas.

Algunos le han enseñado a sus perros a bailar; entonces, cuando comienzan a saltar, dicen la orden "baila" y su Maltipoo hace un pequeño baile alrededor de la habitación en lugar de saltar sobre sus piernas.

Morder

Cada año en todo el mundo, los perros muerden a millones de personas. Los que son mordidos con más frecuencia son los niños; en segundo lugar, los ancianos; y, en tercer lugar, el cartero. Aproximadamente veinte personas mueren cada año por complicaciones de mordeduras de perros. Muchos perros que muerden tienen que ser sacrificados.

Se debe desalentar este comportamiento desde el primer día. Los cachorros comienzan a morder para aliviar su incomodidad por la dentición y sus encías doloridas.

Morder y masticar son comportamientos comunes para los cachorros, pero inaceptable para los perros adultos. La clave está en enseñarle desde pequeño.

Pensemos en cómo interactúan los cachorros entre sí. Están aprendiendo a controlar sus cuerpos y su fuerza. Muchas veces, mientras juegan pueden morder demasiado fuerte. ¿Qué hace el otro cachorro? Grita de dolor y la diversión se termina. Si muerde a su madre demasiado fuerte, podría recibir una lección más dura, y es seguro que nunca la volverá a morder.

"Por lo general, tienen una disposición amistosa. Son territoriales y protegerán sus hogares si otros perros intentan entrar. En lugares públicos, como parques, suelen ser amistosos con otros perros".

Spencer Carranza
maltipoored.com

Debes enseñarle a tu Maltipoo que no tiene que morder. Nunca permitas que te lo haga a ti o a otros, detenlo en el acto, dile un firme "No" y deja de jugar hasta que ya no lo haga.

¿Cómo puedes desalentar a tu Maltipoo de morder?

- Evita juegos agresivos como el tira y afloja; en su lugar, haz juegos positivos como buscar y adiestra a tu perro para que deje caer la pelota frente a ti.
- Cuando comience a morderte a ti o algo que no debe, dile firmemente "No" y retira el objeto o tu mano y reemplázalo con un juguete para masticar.
- Si es demasiado persistente con estas conductas, muchos adiestradores sugieren la siguiente técnica. Coloca tu pulgar sobre su lengua y sostén suavemente la parte inferior de su boca con tus cuatro dedos. Al mismo tiempo dile "No" con firmeza, luego suelta su boca. No le des otro juguete para masticar. Repite este proceso según sea necesario.
- Si tu cachorro está decidido a morder a toda costa, comienza a alimentarlo con la mano. Esto lo acostumbrará a que tus manos estén cerca de su boca y asociará la piel humana con la hora de comer. Si te muerde, dile "No" y cierra la mano, luego continúa alimentándolo una vez que se haya calmado.

- Algunos perros son tan hiperactivos que ni siquiera se dan cuenta de que están mordiendo. Si este es el caso, ponte queso untable o mantequilla de cacahuete en las manos y tu perro comenzará a lamerte. Dile mientras se acerca: "besitos". Comenzará a asociar esta palabra con lamer tus manos en lugar de morderlas.

- Si muerde muy fuerte, grita como lo haría otro cachorro, deja tu mano floja y para de jugar. Esto sorprenderá a tu cachorro y dejará de hacerlo. Si continúa después de dos o tres gritos, es hora de darle un tiempo fuera.

Estas sugerencias son con refuerzo positivo, y nunca usando la fuerza o gritándole a tu perro.

Si te muerde, no te alejes. Esto le hará creer que estás jugando al tira y afloja y morderá aún más fuerte.

Nunca lo golpees en la nariz por morder o masticar, ya que es un refuerzo negativo que lo anima a morder aún más fuerte y no es una herramienta efectiva en el adiestramiento de obediencia.

Mordedores de tobillos

La mayoría de los perros pequeños tienen la reputación de ser mordedores de tobillos y los Maltipoo no son una excepción. Les fascina morder los tobillos de las personas mientras caminan. ¿Cómo puedes evitarlo?

- Ten uno de los juguetes favoritos de tu perro en el bolsillo y cuando comience a mordisquear, deja de caminar y dale el juguete. Puedes hacer lo mismo con una golosina o con elogios. La idea es que asocie que las cosas buenas se deben al buen comportamiento.

La clave es cortar de raíz el mordisqueo antes de que se convierta en un problema.

Masticar

Masticar es uno de los malos hábitos más comunes en los Maltipoo. La clave para evitar este mal hábito es enseñarle desde el primer día.

Los cachorros usan sus dientes para explorar su nuevo entorno. Este es un comportamiento normal, pero rápidamente se convierte en un comportamiento no deseado cuando mastican tus zapatos o muebles. Si esto no se corrige cuando todavía es un cachorro, puede llevar a problemas médicos y de confianza.

Tu Maltipoo entrará en un frenesí de masticación cuando esté en la etapa de dentición. Desde las cuatro semanas hasta los seis meses, estará pasando por este doloroso período en el que todos los cachorros tienden a masticar más porque sus encías están irritadas y masticar ayuda a aliviarlos. Este comportamiento debería cesar antes de que alcance la adultez. ¿Cómo puedes hacerlo?

- Prepara tu hogar a prueba de cachorros. Retira objetos que puedan causarle curiosidad y los mastique, como zapatos, calcetines o cualquier cosa que parezca masticable.

- Fomenta la masticación de juguetes. Cada perro tendrá sus propias preferencias en cuanto al tipo de juguetes para masticar. Tendrá que experimentar hasta encontrar su favorito.

Foto cortesía de
Mary Papadopoulos

- No le des un zapato viejo para masticar sino pensará que todos los zapatos se pueden masticar.

- Si lo encuentras en el acto, corríjelo quitándole el objeto y diciendo un firme "No". Luego dale un objeto apropiado para masticar y elógialo si lo hace. Con el tiempo, tu Maltipoo aprenderá qué cosas puede y qué no puede.

- También puedes rociar tus muebles con aerosoles disuasivos, no son tóxicos y dejan un sabor desagradable, lo que disuadirá a tu perro de masticar ese objeto nuevamente. Puedes encontrarlo en la tienda para mascotas.

- Un perro cansado tiene menos probabilidades de masticar. Los perros a menudo comienzan a masticar por aburrimiento, por eso asegúrate de jugar mucho con él.

Ansiedad por separación

Los Maltipoo se sienten felices con la compañía humana. Rápidamente se vinculan con sus dueños y dependen de ellos para todo. Esa es una de las características que hacen de los Maltipoo el perro de compañía ideal. Pero esta cualidad a veces puede resultar negativa.

¿Qué es la ansiedad por separación?

La ansiedad por separación se produce cuando tu perro se queda solo en casa y comienza a sentir ansiedad por estar separado de ti. Es un asunto serio que tendrás que tratar.

¿Cómo se manifiesta?

Tu perro podría tener los siguientes comportamientos:

1. **Destrucción de tus pertenencias personales:** Podría entrar en un frenesí de masticación, masticando los cojines del sofá, la mesa de café, tus zapatos; básicamente cualquier cosa en su camino.

2. **Defecar y orinar dentro de tu casa:** Este es uno de los efectos secundarios más desagradables de la ansiedad por separación. Podría hacer sus necesidades por toda la casa porque está muy estresado y tiene miedo de que lo abandones.

3. **Ladrar y lloriquear sin control:** Sus vecinos no estarán contentos. No importa cuán exhausto esté tu perro, continuará ladrando hasta que alguien vaya a estar con él.

4. **Arañazos incesantes:** Podría arañar las puertas, ya que es por donde saliste, y cree que si él también puede hacerlo, te encontrará.

5. **Dar vueltas:** Algunos Maltipoo se alteran tanto que comienzan a caminar intensamente y de manera persistente, y se alteran aún más.

6. **Problemas físicos:** En un caso más grave, podría comenzar a jadear y provocarle una insuficiencia cardíaca.

La ansiedad por separación puede causar daño a la salud mental y física de tu Maltipoo. Estos comportamientos se deben a que está en un estado de pánico y miedo por estar separado de su líder de manada, tú.

En muchos casos, los dueños sin querer alimentan esta ansiedad. ¿Cómo es esto?

Hacer un gran alboroto cada vez que te vas o llegas a casa recompensa a tu perro por extrañarlo, tan pronto como entras por la puerta principal. Esto puede reforzar que se ponga ansioso y estresado cada vez que te vas o llegas.

Un cachorro al que le das mucha atención y lo llevas a todas partes, aprende a amar estar contigo y no sabe lo que es estar solo. Luego, a medida que crece, quizás dejas de pasar tanto tiempo con él y no entiende por qué lo dejas solo en casa. Usted se ha convertido en su manta de seguridad y líder de manada.

Foto cortesía de
Veronica Gomes

Además, muchas veces se enseña a los cachorros a actuar cuando se les deja solos, incluso si es solo por unos segundos. Aquí hay un ejemplo de cómo podría suceder:

Desde el primer día que traes a tu cachorro a casa, comienza a experimentar ansiedad por estar separado de su camada, su manada. Lo traes a casa a un entorno nuevo y extraño y te conviertes en el nuevo líder de la manada. Lo pones en la perrera o jaula y te alejas, y comienza a llorar. ¿Qué haces? Lo recoges y le dices que todo está bien. Al hacer eso, lo estás recompensando, le estás enseñando que está bien llorar.

Desde el primer día, necesitas enseñarle a estar tranquilo y a estar solo por pequeños períodos de tiempo. Solo debes recompensar el buen comportamiento. Cuando está fuera de su jaula, no es necesario entretenerlo sin parar, pero anímalo a jugar por sí mismo. Esto lo preparará para cuando lo tengas que dejar solo.

A los Maltipoo no le gustan los cambios en sus rutinas y eso hace que tengan ansiedad por separación: es entonces cuando se estresan y se vuelven destructivos.

Para evitar esto, debes enseñarle a que confíe en ti como el líder de la manada. Entonces, cuando lo dejes solo, sabrá que no lo has abandonado y que volverás a casa.

La ansiedad por separación es un signo de qué tan bien has adiestrado a tu perro en todos los demás aspectos. Si lo has hecho bien, las posibilidades de que la sufra son casi nulas.

¿Cómo puedes enseñarle a tu Maltipoo a quedarse solo en la casa y que no tenga una crisis?

- El adiestramiento lleva tiempo. Dedícale tiempo diariamente para mostrarle a tu Maltipoo lo que esperas de él y ayúdalo a entender cómo encaja en tu rutina diaria. Aprovecha cada oportunidad, dos minutos aquí y allá suman tiempo de calidad.
- Enséñale a acostarse en el suelo, luego desaparece y regresa. Cada vez que lo hagas, aumenta el tiempo que no estás. No hagas un gran alboroto cada vez, solo actúa con normalidad, y tu perro comenzará a darse cuenta de que no lo has abandonado y que siempre regresas. Este es un ejercicio de confianza.
- Todos los miembros de la familia deben establecer que son los líderes de la manada y que el perro no tiene el control. Por ejemplo, intentará tener el control haciendo que hagas cosas, como acariciarlo. Si se te acerca y te empuja la mano para que lo acaricies, puede parecerte tan tierno que no puedes resistirte. Pero se estaba imponiendo y como líder de la manada; estaba en control. Luego, cuando se en-

cuentra en una situación como quedarse solo en casa, se da cuenta de que no tiene el control, se estresa y comienza a actuar.

- El cambio a veces puede hacer que los Maltipoo experimenten ansiedad por separación. Puedes ayudarlo a lidiar con el cambio alterando tus movimientos cada día. Si tu Maltipoo tiende a seguirte por la casa, entra o sal de la casa por una puerta diferente, pon tus zapatos y tu bolso en un lugar diferente. Tu cachorro notará estos pequeños cambios y los manejará, lo que ayudará a aumentar su confianza en sí mismo para saber que estará bien solo.

- Si estás adiestrando a tu Maltipoo con jaula, colócala con tu perro dentro en la parte más concurrida de la casa y continúa con tus actividades. Esto lo acostumbrará a escuchar ruidos y movimientos cotidianos sin necesidad de estar en el centro de todo. Sabe que estás a cargo como líder de la manada y que lo protegerás.

- Acostúmbralo a quedarse solo: sal y regresa antes de que comience a llorar o ladrar, déjalo que vea que te estás yendo, que te pones los zapatos y la chaqueta; luego sal brevemente. Cuando regreses, salúdalo con calma e indiferencia; dale una orden como "dame la pata" o "siéntate" y dale una recompensa.

Sugerencias para ayudar a tu Maltipoo a relajarse cuando se queda solo:

- Deja encendida la televisión o la música mientras se queda solo. A la mayoría de los perros les gusta el ruido de fondo y puede ayudarlos a sentirse más seguros.

- Si lo dejas en una jaula, intenta cubrir parte de ella con una manta. Esto se sentirá más como una guarida y lo hará sentir seguro y protegido.

- Déjalo jugando con juguetes que sean seguros para usar sin supervisión. Los que tienen golosinas dentro son excelentes porque lo mantienen estimulado, pronto se cansará y se dormirá.

- Antes de salir, evita darle demasiada atención. Tu Maltipoo entiende que todo ese amor y atención se cortaron abruptamente, lo que hace que entre en pánico.

- Esconde golosinas por la casa; esto lo mantendrá ocupado y evitará que se aburra mientras no estás.

La ansiedad por separación es una señal de que tu Maltipoo te ama y te extraña. No quiere verte ir, pero si practicas las sugerencias anteriores, no se estresará ni asustará porque ha aprendido a confiar en ti y sabe que nunca lo abandonarías. Eso es amor verdadero: el que se basa en la confianza y el respeto.

Socialización con otros perros

Algunos perros son extremadamente antisociales, solo saludarlos puede ser una experiencia incómoda. A veces, este comportamiento se debe a que no estuvieron expuestos a otros perros cuando eran pequeños. También, puede ser debido a una timidez extrema; pero, en cualquier caso, es porque nunca aprendieron a socializar con otros.

¿Cuándo es el mejor momento para socializar a tu Maltipoo?

El mejor momento para comenzar a socializar a tu Maltipoo es mientras todavía es un cachorro. Los cachorros no tienen requisitos preestablecidos o conceptos erróneos sobre otros perros. Solo los ven como nuevos compañeros de juego.

Elige cuidadosamente los nuevos conocidos de su Maltipoo, asegurándote de que sean amigables y hayan recibido sus vacunas, si tu cachorro aún no las ha recibido.

Cómo socializar a su perro con otros perros:

Mientras están paseando juntos es un momento maravilloso para presentar a tu cachorro Maltipoo a otros perros. Normalmente, cuando los perros salen a pasear, ya han liberado parte de su energía acumulada, por lo que estarán más tranquilos y sumisos.

Si tu Maltipoo comienza a ladrar a otro perro, no tires de la correa, ya que eso lo excitará aún más y lo alterará. Recordará esta experiencia negativa la próxima vez que conozca a un perro y actuará igual.

Si comienza a ladrar, muestra una actitud tranquila y firme y distráelo para que mire hacia otro lado. Si no para, solo levántalo, aléjate e inténtalo de nuevo más tarde.

El parque para perros es una excelente manera para que tu Maltipoo conozca nuevos perros, pero puede ser una situación muy intimidante al principio. Hazlo paulatinamente: la primera semana, podrías caminar alrededor del parque, sin entrar. Si todos los perros se están divirtiendo dentro, tu Maltipoo querrá jugar con ellos. Cada vez que regreses, entra un poco más al parque, hasta que sepas que tu Maltipoo no actuará como un perro antisocial y gruñón.

Socialización con otros humanos

¿Alguna vez has ido a la casa de tu amigo y, antes de que entres por la puerta, su perro hiperactivo te está saltando y ladrando? Otros, no confían en ti como para poder acercarse, y algunos se esconden de las personas nuevas porque son muy tímidos.

Seguramente no quieres que tu Maltipoo actúe así, entonces, ¿cómo puedes enseñarle a comportarse alrededor de extraños, amigos y familiares?

Seguro no quieres que tu cachorro sea prejuicioso: algunos les temen a ciertas características físicas, como una barba, un bastón, un sombrero o gafas de sol. A otros les disgustan las personas que usan uniforme, como el cartero. Algunos incluso notan el color de la piel y reaccionan con sospecha. La única manera de evitar esto es presentarlo a todo tipo de personas mientras todavía es un cachorro.

La mayoría de los cachorros y perros son cautelosos con los niños, ya que los ven como criaturas extrañas con voces fuertes, movimientos bruscos y emociones melodramáticas. La triste realidad es que más del 60 por ciento de las víctimas de mordeduras de perros son niños, y el 75 por ciento de estas mordeduras son en la cara. La única manera de evitar que su perro se convierta en parte de esa estadística es socializarlo con niños desde una edad temprana.

Es muy importante socializar a tu perro con niños de todas las edades; solo supervisa de cerca cada vez que estén juntos. Además, a medida que crece, es importante continuar socializándolo con niños, ya que puede olvidar rápidamente cómo actuar alrededor de ellos.

Cómo hacer un encuentro con alguien nuevo:

1. Lleva algunas golosinas para recompensar a tu perro después de conocer a alguien nuevo y actuar correctamente. También puedes darle a la nueva persona algunas golosinas para compartir con tu Maltipoo.
2. Pídele a la persona que se siente, coloca a tu Maltipoo cerca y dile a la persona que solo lo ignore.
3. Deja que tu Maltipoo haga el primer movimiento: cuando comience a oler a la nueva persona, le puede dar una galleta e intentar acariciarlo.
4. Evita movimientos repentinos que puedan asustarlo.
5. Elógialo después de que haya hecho amistad con la nueva persona.

6. Si tu cachorro permanece asustadizo e inquieto, repite la introducción otro día hasta que esté más relajado.

Permite que tu Maltipoo se vuelva multicultural: que conozca a tantas personas como sea posible. Cuantas más, mejor se comportará en situaciones sociales. Anima a los niños a acariciarlo y tal vez incluso darle una golosina. Permítele conocer y saludar a personas en sillas de ruedas, repartidores, personas con voces graves, monjas, incluso personas sin hogar. La clave es enseñarle que no hay nada que temer, que todos son amigos y nadie quiere lastimarlo a él o a ti.

Socialización con el cartero

¿Por qué a la mayoría de los perros no les cae bien el cartero? Parece un cliché, pero es cierto: los perros detestan al cartero.

Bueno, no es solo el cartero; puede ser el repartidor de pizza, el repartidor de Correos, Seur o cualquier mensajería, básicamente cualquiera que se acerque a tu puerta.

¿Cómo puedes reducir este comportamiento? Comencemos con las razones por las que a tu Maltipoo le disgustan estas personas.

1. **Invasión:** Los Maltipoo pueden volverse bastante territoriales y desde su punto de vista, estas personas son invasores y están traspasando su propiedad privada.
2. **El cartero regresa:** Tu perro se siente complacido cuando el cartero parece haber escuchado sus ladridos y gruñidos de advertencia porque se fue. Pero imagínate cómo se siente cuando el mismo tipo regresa todos los días: lo tomará como un insulto personal.
3. **Liberación química:** Cada vez que tu perro está enojado, su cerebro libera varias hormonas o químicos, que son adictivos. Esta liberación química es la razón del comportamiento negativo que se repite hacia el cartero.
4. **Los hábitos se vuelven comportamiento:** Si el comportamiento agresivo de tu perro hacia el cartero no se corrige, se dirige a cualquier persona que se acerque a la puerta principal, e incluso a cualquier ruido que no le guste, como el sonido de una bocina de vehículo. Permitir que tu perro ladre al cartero puede llevar a problemas de comportamiento serios más adelante que serán muy difíciles de corregir.

¿Cómo puede enseñarle a que le agrade el cartero?

Comienza desde el primer día que lo traes a casa, si es posible. Pon una golosina en el buzón y dile al cartero que venga a conocer a tu nuevo perro. Esto le mostrará a tu cachorro que el cartero es un amigo y estará ansioso por darle la bienvenida a la casa.

Otra forma práctica de presentarlo es hacerlo en terreno neutral. Antes de que el cartero llegue a tu casa, ten a tu Maltipoo con correa y encuéntralo a unos pocos metros de distancia. El cartero puede darle una golosina y ambos caminan juntos hasta tu casa. Tu Maltipoo ni siquiera se dará cuenta de que está haciendo amistad con el cartero hasta que sea demasiado tarde. Tendrás que repetir este proceso varias veces.

Al asegurarte de que esté familiarizado con el cartero, puedes evitar que le ladre a los visitantes.

Seis claves para tener un perro socializado y equilibrado:

Cuanto antes comiences el proceso de socialización, mejor. Continuar presentando a su perro a nuevas personas y animales durante toda su vida lo ayudará a actuar correctamente alrededor de otros.

Estas seis sugerencias se pueden aplicar a perros de cualquier edad, solo podría llevar más tiempo socializar a un perro mayor que tiene problemas con los extraños. Con paciencia y consistencia, todo es posible.

1. Hazlo sentir seguro y protegido: el miedo conduce a la agresión y el nerviosismo. Al presentar a tu Maltipoo a una nueva situación o persona, asegúrate de que se sienta seguro y protegido. ¿Cómo puede hacerlo? Permítele conocer a la nueva persona o animal en sus propios términos. Párate cerca, para que pueda esconderse entre tus piernas si es necesario. Si está conociendo a una persona, pídele que le dé una golosina y hable en voz baja.

2. Enséñale a jugar sin morder: si permites que muerda cuando juega, cuando conozca a una nueva persona o perro, asumirá que morder es una forma aceptable de jugar. Podría morder accidentalmente a un perro más grande y recibir una mordedura más fuerte a cambio. O podría morder a un niño pequeño en la cara y lo tendrían que sacrificar.

3. Enséñale a interactuar con otros animales y todo tipo de personas: asegúrate de que tu Maltipoo conozca a tantas personas como sea posible: diferentes etnias, altos, bajos, gordos y delgados, con barbas y bastones o paraguas. Con los animales, preséntalo a gatos, otros perros y cualquier cosa que se mueva. Además, cuando escuche nuevos ruidos, ve e investiga con él, para que pueda ver que estos ruidos no son una amenaza para ninguno de los dos.

4. Enséñale que tú eres el líder de la manada: proteges a la manada y a tu Maltipoo. Si está acostumbrado a tener el control y tomar sus propias decisiones, asumirá la responsabilidad de ser su líder de manada. Luego, cuando se le presente un extraño o una nueva situación, se asustará y comenzará a ladrar y actuar agresivamente porque cree que necesita protegerte.

5. Enséñale a seguir tu ejemplo: tu cachorro capta tu actitud y tus reacciones. Al conocer a una nueva persona, dale la mano; si es un viejo amigo, dale un abrazo, etc. Tu perro observará tu comportamiento y lo más probable es que permita que la persona lo acaricie. Al conocer a otros perros, puede acariciarlos para mostrarle que es amigable y agradable. Haz lo mismo con otros animales que conozcan. Seguirá tu ejemplo.

6. Adiéstralo de acuerdo con su edad: los cachorros no pueden realizar más de tres a cuatro tareas nuevas al día; los perros adultos tal vez cuatro a cinco. Los perros mayores o rescatados no más de dos a tres tareas nuevas al día, tal vez incluso menos. Si tu perro no reaccionó bien a una nueva situación, pero estaba tranquilo, elógialo. Esto aumentará su confianza en sí mismo.

Recordatorios al socializar a tu Maltipoo

Recuerda que la socialización y el adiestramiento de obediencia deben ser divertidos. Si tu perro disfruta conociendo a nuevas personas y perros o aprendiendo nuevas órdenes, aprenderá más rápidamente que si es una carga o le es aburrido. Trata de mantener el adiestramiento entretenido.

Si tu Maltipoo es nervioso o tímido, déjalo que se tome su tiempo. No es necesario ir rápido, tienes que enseñarle a un ritmo que le funcione y lo haga sentir cómodo.

Cada año, se sacrifican miles de perros por mal comportamiento que, de haberles dado un buen entrenamiento cuando eran cachorros, se podría haber evitado. No permitas que tu Maltipoo se convierta en uno de esos perros.

www.ingramcontent.com/pod-product-compliance
Lightning Source LLC
Chambersburg PA
CBHW071301130626
46556CB00003B/1415